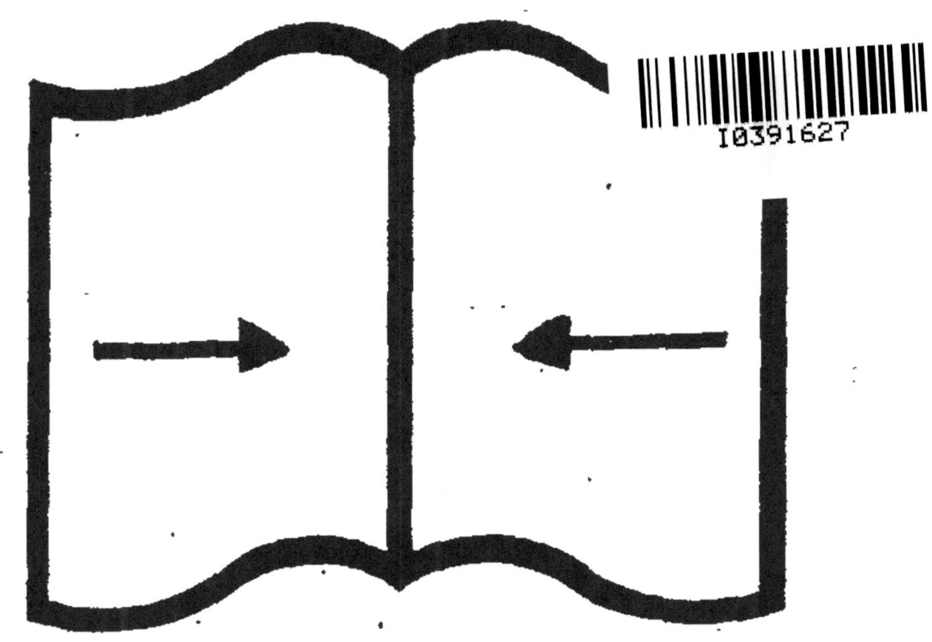

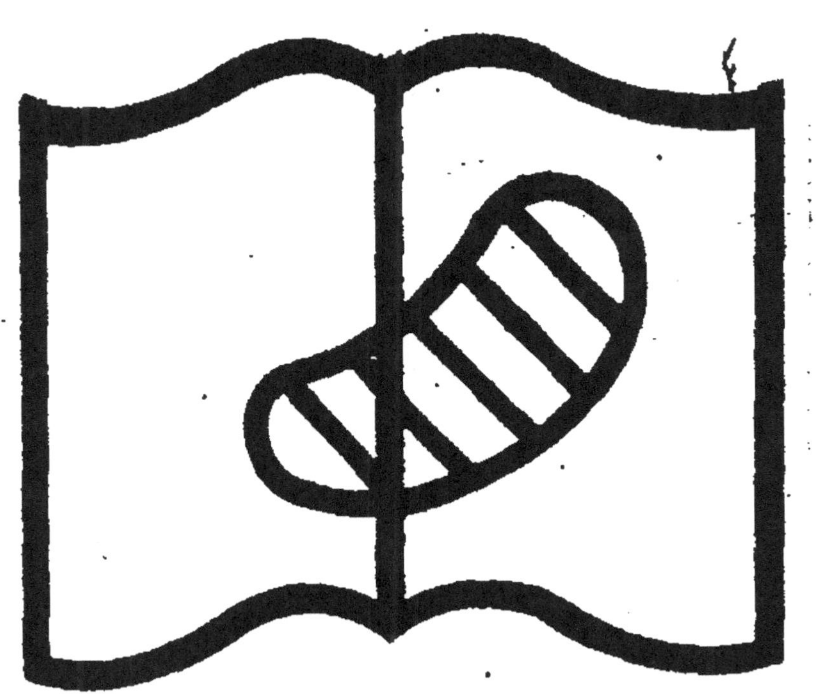

GUIDE

DANS LES

THÉATRES

IMPRIMERIE DE J. CLAYE,
RUE SAINT-BENOIT, 7

GUIDE

DANS LES

THÉATRES

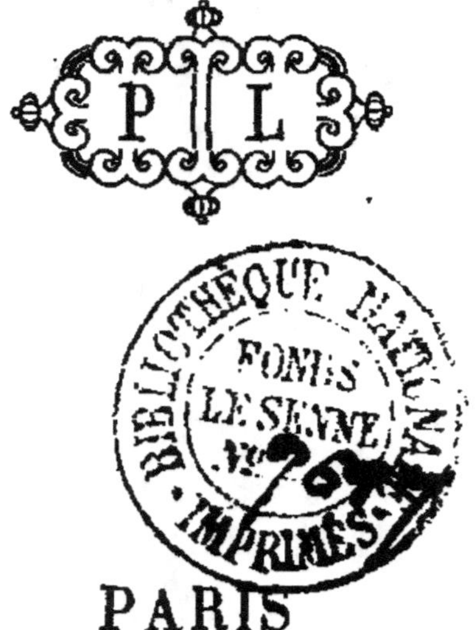

PARIS

PAULIN ET LE CHEVALIER

RUE RICHELIEU, 60

—

1855

GUIDE

DANS LES

THÉATRES

AVANT-PROPOS.

C'est bien réellement un *Guide des Théâtres* que nous offrons au public. Il arrive plus d'une fois que l'étranger qui se trouve à Paris pour la première fois est embarrassé dans le choix d'un spectacle du soir.

De nombreuses affiches sont étalées devant lui. — A quel spectacle s'arrêter? Comment établir l'ordre et la gradation dans l'emploi des soirées, quand on n'a souvent qu'un temps limité à consacrer à Paris?

Il est donc très-utile d'avoir à sa disposition un *vade mecum* théâtral qui vous mette au courant de tout, vous permette de vous orienter sans effort au milieu de ce monde des spectacles de Paris, que l'on ne connaît à fond qu'après de longues années d'expérience et de pratique.

Ce volume n'a nullement la prétention, bien entendu, d'offrir une histoire complète de la littérature théâtrale. Toutefois, tout en restant sur le terrain spécial des renseignements proprement dits, nous avons cru devoir donner certains détails sur les origines et l'intérieur des divers spectacles. Ces détails auront surtout pour but de bien déterminer le genre de chacun des théâtres en particulier.

Nous voulons qu'après nous avoir lu, nos lecteurs connaissent les spectacles parisiens aussi complètement et avec autant de détails que s'ils étaient passés à l'état de vieux habitués de nos théâtres.

S'il est vrai que la plupart des personnes qui habitent Paris soient informées d'une grande partie des faits que contient ce volume, il n'en est pas de même des étrangers qui débarquent dans notre capitale pour la première fois, ignorant tout et éprouvant le besoin de tout connaître.

C'est pour cette classe de spectateurs surtout que nous écrivons, et l'on conçoit qu'à ce point de vue-là nous ne pouvions trop nous imposer d'être avant tout explicites et pratiques.

II. — DÉTAILS PRÉLIMINAIRES. — LES AFFICHES. — LES BILLETS DE SPECTACLE. — BUREAUX DE LOCATION. — ACHAT DE PLACES SUR LA VOIE PUBLIQUE.

Les affiches de spectacles sont apposées sur certains points en vue des divers quartiers de Paris.

On en trouve de distance en distance sur toute la ligne des boulevards, dans l'intérieur du Palais-Royal, à la portée des hôtels et des divers endroits où descendent les étrangers.

Une ordonnance de police fixe d'avance l'ordre qui doit être suivi dans l'apposition des affiches. Cet ordre peut servir à déterminer en partie l'importance de chaque scène. Ainsi les théâtres subventionnés, que l'on appelait autrefois les *grands théâtres* pour les distinguer des scènes secondaires, occupent la tête de la colonne. Ensuite viennent les théâtres de vaudeville, puis ceux de drame, et enfin en dernier lieu les spectacles de pantomines, d'escamotage, de vaudevilles secondaires, etc.

C'est généralement vers sept heures que commencent la plupart des spectacles, sauf le Théâtre-Italien, dont le rideau lève invariablement à huit heures.

On fera bien, pour les pièces connues, de se trouver à l'heure précise de l'ouverture des bureaux, afin d'être assuré de se placer convenablement. Le mieux est encore de louer d'avance des places, si l'on veut éviter des heures d'attente toujours fort déplaisantes, surtout les jours de pluie et de froid.

Tous les théâtres ont des bureaux de location ouverts depuis dix heures du matin jusqu'à cinq heures du soir.

En cas de réclamations au sujet des places ou de plaintes qu'on pourrait avoir à élever sur quelque employé de l'intérieur, on devra s'adresser au contrôleur en chef, qui est assis à l'entrée sous le péristyle. On trouvera en lui un homme nécessairement poli, prévenant, investi d'un pouvoir suffisant pour faire droit à toutes les justes demandes des spectateurs.

On rencontre à la porte de la plupart des théâtres des marchands de billets qui vous offrent des places à prix réduits pour les représentations ordinaires, ou bien à des prix plus ou moins élevés pour les représentations extraordinaires ou à bénéfice, les soirées où il est à peu près impossible de se procurer des billets au bureau à cause de l'affluence des spectateurs.

On aura le soin de n'user de ce mode d'achats de billets sur la voie publique qu'avec une extrême circonspection, non pas que l'on soit précisément exposé à acheter un billet faux, qui ne donnerait aucune entrée dans la salle, (les agents de police qui veillent constamment autour des théâtres rendent ce genre de supercherie à peu près impraticable), mais il peut arriver souvent que les marchands de billets trompent sur la nature de la place, envoient les acheteurs dans des loges qui se trouvant au trois quarts remplies à l'avance, n'offrent plus aux derniers venus que les places les plus désavantageuses, d'où l'on ne voit et n'entend qu'avec peine, comme il s'en trouve malheureusement encore un trop grand nombre dans plusieurs théâtres.

Avant donc de conclure aucun marché de billets, loges ou stalles, on devra bien s'entendre d'avance sur le genre des places, s'informer s'il n'y a aucune espèce de droit supplémentaire à payer dans l'intérieur, n'acheter autant que possible que des loges entières ou des stalles numérotées.

L'offre que certains marchands de billets font aux gens auxquels ils s'adressent, de ne les payer qu'après un acte ou après la prise de possession de la place qu'ils vendent, ne doit pas être rejetée. C'est au fond la meilleure garantie; on est bien sûr, en pareil cas, de n'acheter que des places convenables et de n'avoir à redouter aucune des déceptions qu'occasionnent trop souvent les billets achetés sur la voie publique.

Après avoir donné ces renseignements préliminaires, qui ne sont pas aussi inutiles qu'on pourrait le croire, aux personnes encore peu au fait de la fréquentation des spectacles, nous allons passer en revue les théâtres de de Paris, indiquer leur genre, les diverses spécialités qu'ils représentent, tout en donnant, au fur et à mesure de nos appréciations, les renseignements pratiques qui peuvent servir à guider et à éclairer les spectateurs.

III. — LES THÉATRES DE PARIS.

Paris compte à l'heure qu'il est vingt-huit theâtres, qui sont ouverts tous les soirs, et dont voici la liste :

1° L'Opéra;
2° Le Théâtre-Français;
3° L'Opéra-Comique;
4° L'Odéon;
5° Le Théâtre-Italien;
6° Le Théâtre-Lyrique;
7° Le théâtre du Vaudeville;
8° Le théâtre des Variétés;
9° Le Gymnase-Dramatique;
10° Le théâtre du Palais-Royal;
11° Le théâtre de la Porte-Saint-Martin;
12° La Gaîté;
13° L'Ambigu-Comique;
14° Le Théâtre-National;
15° Les Folies-Dramatiques;
16° Les Délassements-Comiques;
17° Les Folies-Nouvelles;
18° Le théâtre des Funambules;
19° Le Petit-Lazary;

20° Le théâtre Beaumarchais;
21° Le théâtre Comte;
22° Le Cirque Napoléon;
23° L'Hippodrome;
24° Les Arènes-Nationales;
25° Le Cirque des Champs-Élysées;
26° Le théâtre de la salle Bonne-Nouvelle;
27° Les soirées fantastiques de Robert-Houdin;
28° Le théâtre du Luxembourg.

L'Opéra et le théâtre Italien ne sont ouverts que tous les deux jours.

IV. — ORIGINE DES THÉATRES.

Pour retrouver les origines de nos théâtres, il faut remonter jusqu'au moyen âge, à l'époque des *Mystères* et des *Moralités*, aux temps où florissaient les *Enfants Sans Souci* et les *Bazochiens*, ces premières associations moitié religieuses, moitié profanes, qui doivent être considérées comme les véritables fondatrices de l'art théâtral en France.

On ne s'occupe plus guère aujourd'hui, si ce n'est au point de vue de l'érudition pure, de ces anciens mystères et de ces farces primitives. On ne peut cependant pas oublier que ces premières ébauches de spectacles et de comédies ont produit la fameuse pièce de *Pierre Patelin*, si naïve, si narquoise, qui a été jouée pour la première fois par la troupe des Enfants Sans Souci.

Les lettres patentes du roi Charles VI, datées de 1402, autorisèrent les Confrères de la Passion à établir un théâtre dans l'hôpital de la Trinité. Ces lettres patentes représentent la plus ancienne pièce officielle qui ait servi à donner une existence légale aux entreprises dramatiques.

Les troupes de comédiens, ou pour mieux dire les confrères dramatiques, éparpillés pendant longtemps sur divers points, souvent en butte à des poursuites de la part de l'autorité religieuse à cause des atteintes données dans leurs pièces aux choses de l'Église et du dogme, finirent par se réunir dans l'ancien hôtel des ducs de Bourgogne, situé au coin de la rue Mauconseil. Un arrêt du parlement, daté de 1548, autorisa ces troupes à s'établir légalement dans ce local ; un privilége leur fut conféré ; ils prirent le nom de *comédiens de l'hôtel de Bourgogne*. La France put alors se vanter de posséder des théâtres réguliers et stables.

Au commencement du XVIIe siècle, on vit plusieurs autres troupes se former sur divers points, au Marais, près de Saint-Germain-l'Auxerrois, et faire concurrence à celle de l'hôtel de Bourgogne.

Après avoir brillé successivement d'un certain éclat, ces troupes s'éclipsèrent entièrement et n'eurent plus aux yeux du public qu'un intérêt médiocre lorsqu'on vit s'établir, sous la protection spéciale du roi, une troupe nouvelle dans la salle du Petit-Bourbon, bâtie sur l'emplacement qu'occupe aujourd'hui la colonnade du Louvre.

Cette troupe, connue en province sous le nom de l'*illustre théâtre*, prit bientôt le nom de *troupe de Monsieur*. Elle comptait parmi ses meilleurs acteurs Duparc dit *Gros-René*, les deux Béjart, leur sœur madeleine Béjart, et avait pour chef Molière, qui payait au public parisien sa bienvenue en lui offrant l'*Étourdi*, le *Dépit amoureux*, et enfin les *Précieuses ridicules*, après lesquelles un des spectateurs s'écriait dans un mouvement d'enthousiasme : « Bravo, Molière, voilà la bonne comédie ! »

En effet, on pouvait dire, après avoir vu cette excellente page comique si pleine de verve et de gaieté satirique qui s'appelle les *Précieuses ridicules,* que la comédie était bien réellement fondée en France.

Il n'existait en tout que trois théâtres sous le règne de Louis XIV. On voit que leur nombre s'est beaucoup accru de notre temps ; il était même plus considérable encore lorsque l'Assemblée constituante eut décrété, en 1791, que « tout citoyen pouvait élever un théâtre public et y faire représenter des pièces de tous les genres. » On vit alors les entreprises dramatiques s'élever jusqu'au chiffre énorme de *quarante.*

Le nombre des théâtres existant aujourd'hui paraît suffisant pour les besoins de la population parisienne, puisqu'il en est plusieurs d'entre eux, atteints d'une sorte de maléfice perpétuel, qui ne font que végéter, ferment à tout propos, rouvrent sous les auspices d'une direction nouvelle pour se refermer au bout de fort peu de temps. Il est vrai de dire que ces chances mauvaises attachées au sort de certaines entreprises dramatiques tiennent souvent autant à l'impéritie des directions qu'aux conditions mêmes de ces entreprises.

Quoi qu'il en soit, on remarque que ce sont les grands théâtres qui ont pour la plupart l'existence la plus sérieuse et la meilleure fortune. Non-seulement ils reçoivent de l'État des subventions régulières qui leur sont d'un grand secours et assurent leur existence, mais ils s'adressent à la classe de spectateurs la plus riche, celle qui procure les plus fortes recettes. De plus, le genre de pièces qu'ils représentent constituent généralement les succès les plus réels et les plus productifs.

V. — L'OPÉRA.

Nous conservons à notre premier théâtre de chant et de danse le nom d'*Opéra*, que le public a généralement

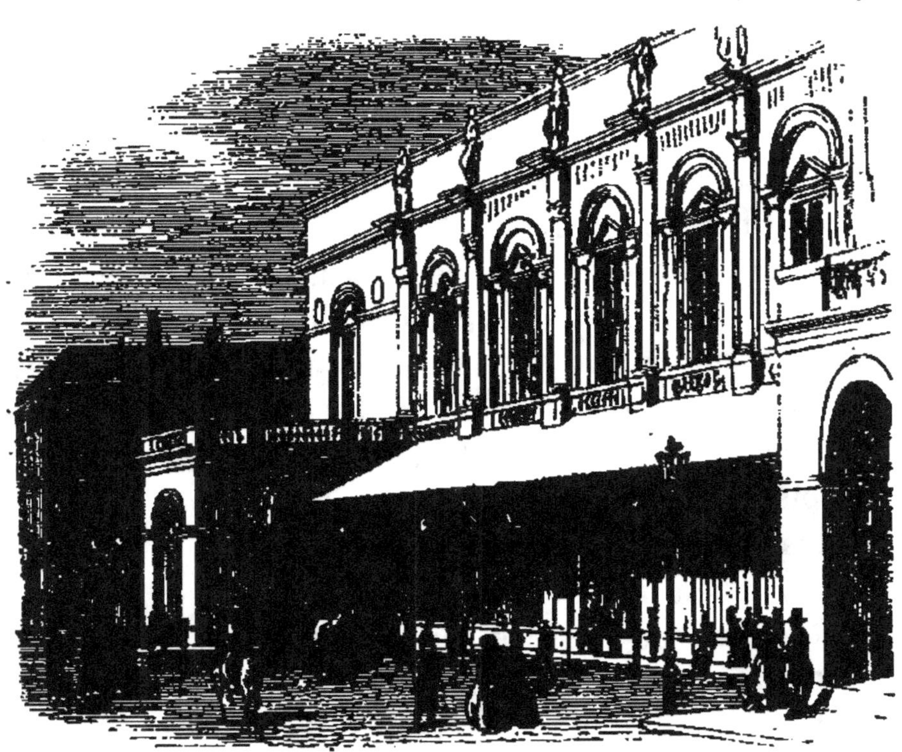

Opéra.

adopté. On lit cependant sur les affiches et sur le fronton du théâtre le titre d'*Académie impériale de Musique*, mais cet autre nom a l'inconvénient d'être beaucoup plus long, plus ambitieux que l'ancien, et il n'est guère probable qu'on le voie jamais adopté dans l'usage.

Pour se rendre un compte exact du genre complexe

exploité par l'Opéra, qui est un composé de chant, de déclamation, de danse et de mise en scène, il est indispensable de remonter à la naissance même du théâtre et de considérer les éléments divers qui ont concouru à sa formation.

On a quelquefois voulu mettre en doute que notre Opéra eût tiré son origine de l'Italie. Mais ce doute tombe de lui-même si on veut bien se reporter à la pièce donnée par le musicien piémontais Baltazarini, sous le titre de *Ballet comique de la Royne*, à l'occasion des noces du duc de Joyeuse avec mademoiselle de Vaudemont, en 1582.

On dansait et on chantait dans ce ballet comique, qui faisait partie d'une fête des plus brillantes. Ce Baltazarini, surnommé *Beaujoyeulx*, le Lulli du XVIe siècle, à la fois excellent violon, premier valet de chambre en chef de musique de Catherine de Médicis, est donc bien réellement le premier qui ait offert aux Parisiens une de ces pièces à la fois lyriques et chorégraphiques adoptées en Italie déjà depuis un certain temps.

L'Opéra resta encore italien sous l'administration de Mazarin. Ce ministre, qui ne négligeait rien de ce qui pouvait amuser et flatter la belle et galante Anne d'Autriche, sa souveraine, fit venir d'Italie une troupe de comédiens, qui représentèrent dans le théâtre de l'hôtel du Petit-Bourbon, près du Louvre, un opera de G. Strozzi, ayant pour titre : *la Festa teatrale della fitta Pazza*. Ensuite, on joua l'*Orfeo e Euridice*, de Zerlino.

Tous les historiens du temps s'accordent à reconnaître la vogue prodigieuse que ce genre de spectacle obtint à Paris. Chaque fois que l'on donnait une de ces pièces italiennes, les spectateurs se portaient en foule à la salle du théâtre de l'hôtel du Petit-Bourbon et se disputaient les places avec acharnement.

Il était donc tout naturel que l'on songeât à franciser et à transporter dans notre langue les pièces italiennes à grand spectacle qui paraissaient être si bien dans le goût des spectateurs français.

L'idée de fonder un Opéra national vint à l'esprit d'un homme de lettres fort obscur, appelé Pierre Perrin, connu dans l'histoire de la littérature du XVIIe siècle sous le nom de *l'abbé Perrin*, bien qu'il n'ait jamais eu ni abbaye, ni bénéfice, et se fût fait appeler *abbé*, seulement pour avoir son entrée dans un certain monde.

Cet abbé Perrin, qui doit peut-être aux attaques satiriques de Boileau de n'être pas tout à fait oublié aujourd'hui, avait composé une pastorale en cinq actes dont la musique avait été faite par Cambert, très-habile musicien.

Perrin avait joint au titre de sa pièce la phrase suivante en forme de sous-titre : *Première comédie françoise en musique*. La pastorale fut représentée huit ou dix fois avec un très-grand succès à la belle maison que Lahaye possédait à Jouy. Elle fit même tant de bruit que Louis XIV eut le désir de l'entendre et ordonna qu'il en fût donné une représentation à Vincennes.

Mazarin, heureux de voir l'idée qu'il avait eue d'introduire en France l'opéra dans le goût italien se propager si rapidement, donna de grands encouragements aux deux auteurs, qui composèrent une autre pièce intitulée *Ariane ou le Mariage de Bacchus*.

La mort de Mazarin empêcha que cette pièce fut donnée en France ; elle fut représentée à Londres en 1673, lorsque Cambert, forcé de céder à la grande faveur de Lulli, passa en Angleterre et devint sous-intendant de la musique de Charles II.

Ce fut seulement en 1669 que Perrin obtint des lettres patentes pour l'établissement d'une *Académie de musique*, où l'on représenterait des pièces *chantées*. Il forma une association avec Cambert, Champiron; ce dernier avait alors une grande réputation pour les peintures de décors.

On engagea une troupe d'acteurs chantants, et on commença les répétitions dans la grande salle de l'hôtel de Nevers, où se trouvait auparavant la bibliothèque de Mazarin. On donna des représentations dans le jeu de paume situé rue Mazarine.

On joua en 1671 une pièce intitulée *Pomone*, paroles de Perrin, musique de Cambert. Les lettres patentes avaient été accordées pour douze ans, ce qui offrait un assez vaste champ d'exploitation aux entrepreneurs du nouveau théâtre. Mais la division se mit entre eux. Des difficultés intérieures, à la fois d'intérêt et d'amour-propre, s'élevèrent et paralysèrent la marche de l'entreprise. Ces difficultés ne pouvaient manquer de faire éclore l'idée d'une concurrence.

C'est alors que l'on vit se produire un homme dont le nom est inséparable des origines et de la première constitution de l'Opéra en France.

On devine que nous voulons parler du fameux Jean-Baptiste Lulli, sorti d'une condition si basse, ancien marmiton de mademoiselle de Montpensier, et qui arriva à se trouver revêtu du titre de surintendant de la musique royale. Lulli, très-particulièrement protégé par madame de Montespan, dut à cette haute faveur de pouvoir acquérir le privilège de l'abbé Perrin, moyennant une somme de trente mille livres, qu'il lui compta.

Cette translation du privilége de Perrin à Lulli occasionna de nouvelles lettres patentes, qui furent conférées à l'intelligent et habile Florentin en 1672.

Lulli doit être regardé sinon comme le premier inventeur, du moins comme le véritable organisateur régulier de l'Opéra, dont on n'avait eu encore qu'une ébauche imparfaite. Il commença par supprimer les anciens instrumentistes, qui portaient le nom beaucoup trop ambitieux de *grands violons du roi*, et n'étaient plus bons depuis longtemps qu'à jouer de vieux airs de ballets qu'ils exécutaient de routine et un peu à la façon des aveugles.

Lulli obtint que ces musiciens vétérans fussent tous mis à la réforme et remplacés par de nouveaux exécutants plus vaillants et plus jeunes, qui s'appelèrent les *petits violons* ou *la bande des seize*. Ce fut encore Lulli qui organisa les corps de ballets, les chœurs, qui distribua les emplois entre les chanteurs, suivant le caractère des voix.

Il travailla sur les pièces de Quinault, ce poëte agréable et doux que Boileau a peut-être trop rabaissé, mais que Voltaire et d'autres écrivains de son école ont voulu en revanche placer trop haut, un peu peut-être par esprit de parti et d'opposition.

Nous ne sommes plus guère à même d'apprécier aujourd'hui le mérite de la musique de Lulli; les goûts ont trop changé depuis deux siècles pour que les choses qui plaisaient à nos arrière-grands-pères puissent nous charmer de nos jours.

Toutefois, les musiciens de profession s'accordent encore maintenant à trouver beaucoup de mérite à certains chants de Lulli, qui brillent surtout par le naturel et l'expression. Il est vrai de dire que les musiciens actuels qui admirent Lulli font surtout profession d'aimer en musique le gothique et le rétrospectif.

A l'époque de la mort de Molière, en 1673, Lulli avait été autorisé par le roi lui-même à transporter l'Opéra dans la salle du Palais-Royal, beaucoup plus vaste et plus riche que toutes celles qu'il avait occupées jusqu'alors. C'est dans cette nouvelle salle que Lulli donna ses principaux ouvrages et obtint ses plus grands succès.

Le nom de Rameau sert à marquer la seconde période de l'histoire de l'Opéra. Jusqu'en 1733, on ne vit paraître sur la scène lyrique que des compositeurs qui imitaient servilement la manière de Lulli et reproduisaient ses défauts, sans avoir aucune de ses qualités.

Rameau parut et prouva que l'on pouvait faire autrement que Lulli, tout en restant fidèle aux progrès incontestables que le compositeur florentin avait fait faire à la musique théâtrale.

Rameau eut donc le bon esprit de conserver le récitatif tel que Lulli l'avait institué. Il comprit que ce récitatif était parfaitement dans l'esprit de la langue française, que cette déclamation notée, entrée d'ailleurs dans les oreilles du public, s'adaptait à l'expression réelle du sentiment et des passions que nous demandons surtout aux musiciens et aux poëtes.

Rameau développa toutes les autres parties de la musique dramatique, le chant, les airs détachés, l'orchestre, qu'il rendit beaucoup plus nombreux et plus habile qu'il n'était, tout en restant encore bien loin de la perfection que Gluck lui fit atteindre.

Les principaux succès de Rameau furent *Hippolyte*, les *Indes galantes*, *Castor et Pollux*. C'est dans *Castor et Pollux* que se trouvait un chœur de démons d'une telle énergie que le musicien Mouret en perdit la raison en l'entendant, et ne cessait dans son délire de répéter à Charenton le début du chœur :

Qu'au feu du tonnerre
Le feu des enfers
Déclare la guerre, etc.

Rameau s'était associé pour composer ses opéras un certain poëte, nommé Cahusac, esprit de la dernière médiocrité, doué seulement de cette qualité qu'estiment tous les musiciens, celle de ne faire aucun cas de leur poésie et de subordonner entièrement ce qu'ils inventent aux volontés, souvent même aux caprices du compositeur.

Lorsqu'on reprochait à Rameau la pauvreté des paroles sur lesquelles il appliquait ses airs, il avait l'habitude de répondre : « Qu'on me donne la *Gazette de Hollande* et je la mettrai en musique. »

Les musiciens n'ont été que trop fidèles (et nous en avons la preuve encore tous les jours) à ce principe de Rameau, qui consiste à considérer les poëmes souvent les plus ridicules et les plus absurdes comme les plus favorables à l'application de leur art.

Il n'est personne, fût-il même entièrement insensible au charme de la musique, qui n'ait au moins entendu parler de Gluck, le compositeur lyrique par excellence, celui que l'on a quelquefois surnommé, sans mériter d'être taxé d'exagération, un *Shakspeare musical*.

Gluck n'eût-il produit que les cinq chefs-d'œuvre suivants : *Armide*, *Alceste*, *Orphée* et les deux *Iphigénies*, mériterait d'être immortel ; son nom ne devrait jamais périr dans la mémoire des peuples, tant qu'il y aura au monde des oreilles et des âmes sensibles aux charmes de la grande et belle musique.

Nous ne saurions mieux faire que de citer les propres paroles de Gluck, qui lui ont servi à indiquer le plan qu'il s'était tracé dans ses compositions destinées à la scène :

« L'imitation de la nature, a-t-il dit, est le but commun que doivent se proposer le poëte et le musicien; c'est aussi celui auquel j'ai tâché d'atteindre. J'ai voulu réduire la musique française à sa véritable fonction, celle de seconder la poésie pour fortifier l'expression des sentiments et l'intérêt des situations, sans interrompre l'action et la refroidir par des ornements superflus. Je pense qu'elle doit ajouter à l'autre ce qu'ajoutent à un dessin correct et bien composé la vivacité des couleurs et l'accord des lumières et des ombres, qui animent les figures sans en altérer les contours. »

Gluck avait commencé à introduire dans l'Italie une véritable révolution musicale. « L'opéra italien, a dit l'abbé Arnaud, n'est qu'un concert dont le drame est le prétexte. » L'éminent compositeur allemand comprit que le théâtre était fait pour supporter autre chose que des duos, des romances et de ces airs languissants et doucereux qui vont si bien au cadre du salon.

Il eut le bonheur de rencontrer à Vienne un poëte florentin nommé Ranieri di Calzabigi, avec lequel il se lia et qui lui écrivit des poëmes raisonnables, avec des scènes liées entre elles, des dénouements appropriés au sujet, conçus dans un tout autre esprit que les *livrets* misérables, si insensés et si plats, sur lesquels les compositeurs italiens avaient l'habitude de s'exercer.

Les grands succès que Gluck obtint à Milan et à Venise

lui prouvèrent qu'il ne s'était pas trompé en introduisant une réforme complète dans la composition lyrique. On s'est souvent étonné que ce fier génie, applaudi si unanimement par l'Italie tout entière, n'ait pas laissé plus de traces de vigueur et de réalité dans la musique italienne, qui est restée, au milieu de ses qualités incontestables de charme et de grâce, efféminée malgré tout, remplie de lieux communs et de banalités mélodieuses.

Cependant Gluck visait à un but plus élevé encore que celui qu'il avait jusqu'alors poursuivi.

Il avait vu l'opéra italien se traîner dans les redites et la routine; il savait que l'opéra français n'était guère dans une situation plus prospère. Le public, rebuté par les fades compositions des successeurs de Rameau, l'abandonnaient de jour en jour. C'était à peine si quelque composition du genre doux et villageois, telle que *le Devin de village* de Rousseau, parvenait à le réveiller et à l'intéresser aux produits d'un art qui semblait avoir dit son dernier mot.

Gluck avait fait une étude approfondie de la langue française. Il n'avait pas partagé l'opinion de Rousseau, qui avait déclaré que notre idiome était complétement *anti-musical*; — oui, si l'on se place au point de vue de certaines émotions de convention et des mignardises sentimentales que l'idiome italien est surtout propre à exprimer. Mais lorsqu'il s'agit de choses énergiques, de passions fortes et terribles, notre langue suffit à tout et offre même, malgré les désavantages des lettres muettes, des qualités vigoureuses que les autres n'ont pas.

Gluck avait plus de soixante ans lorsqu'il vint à Paris, où il devait avoir à lutter contre toutes sortes d'obstacles, ne fût-ce que celui d'un âge avancé déjà et qui devait exciter toutes sortes de doutes et de répugnances contre la réforme qu'il prétendait introduire. Mais Gluck était doué d'une de ces organisations à part que rien au monde ne saurait abattre ni distraire de leur but, pas même les atteintes de l'âge qui ralentissent et découragent la plupart des hommes.

Le bailli du Rollet, qu'il avait connu à Vienne, s'était occupé de mettre en opéra l'*Iphigénie* de Racine. Cette *Iphigénie* que du Rollet avait cherché à rendre autant que possible conforme à l'*Iphigénie* primitive, fut choisie par Gluck pour son début devant le public français.

« Gluck mit une année entière à composer la musique de cet ouvrage, a dit un de ses historiens... Il s'agissait d'offrir aux Parisiens un travail spécialement conçu pour leur plaire; et le bon Allemand eut lieu de reconnaître qu'en menant à bien son entreprise, il n'avait pas surmonté les plus grandes difficultés. La simple annonce de sa tudesque harmonie avait soulevé contre lui tout le peuple des musiciens, et la classe plus nombreuse encore, plus indocile, des amateurs. Il ne fallut pas moins qu'un ordre de la reine, de Marie-Antoinette, jadis élève du chevalier et sa constante protectrice, pour faire recevoir *Iphigénie* à l'Opéra. Enfin, le 19 avril 1774, on donna la première représentation d'*Iphigénie*. Si le concours des spectateurs était prodigieux, le succès de l'ouvrage le fut également. On fit recommencer l'ouverture, chose inouïe dans les annales de l'Opéra, et la pièce obtint d'un bout à l'autre les mêmes applaudissements. »

L'*Orphée*, qui vint ensuite, obtint un succès non moins égal. L'*Alceste*, malgré la tristesse et la monotonie du sujet, fit naître des transports d'admiration parmi les vrais connaisseurs, qui surent apprécier les qualités sans nombre et d'un ordre si élevé que renferme cette belle partition. En 1777, on vit paraître l'*Armide*, qui mit le comble à la renommée de Gluck et lui assura le premier rang parmi les compositeurs lyriques.

On a peine à se figurer l'effet que dut produire sur le public la première audition d'*Iphigénie en Tauride*, où l'on trouve ce sublime et magique air de ballet que l'orchestre du Conservatoire exécute toujours avec un si grand succès, puis la tempête, le songe d'Iphigénie, le chœur des Euménides, les adieux d'Oreste et de Pylade, toute la partition en un mot, qui est d'un bout à l'autre saisissante, élevée, sublime, digne du génie d'un maître.

Gluck a été véritablement le créateur de l'orchestre de l'Opéra. Avant lui, on n'avait qu'un semblant, un à peu près d'orchestre. Les parties s'exécutaient avec tant d'abandon et de négligence, que les violons n'avaient pas honte de jouer en hiver avec des gants.

Gluck parut, et, par le seul ascendant de son génie et de sa volonté, sut transformer et électriser toute cette milice musicale si pleine d'incurie, nonchalante et glacée faute d'un chef vigoureux qui lui donnât l'impulsion et l'élan.

On a souvent décrit le spectacle intéressant et curieux que Gluck offrait aux répétitions de ses opéras. Un général à la tête de son armée, au moment de livrer une bataille, n'avait pas plus d'animation et d'ardeur. Il fallait le voir interpellant chacun en particulier, gourmandant celui-ci, encourageant celui-là, ne laissant passer aucune négligence, répandant sur tous ceux qui l'entouraient cette ardeur irrésistible du grand artiste qui sait dompter à la longue les résistances les plus opiniâtres et les plus rebelles.

C'est Gluck qui a introduit le premier dans l'orchestre le trombone, cet instrument puissant qui produit de si grands effets lorsqu'on sait les ménager et ne pas les prodiguer à tout propos. Il a su aussi faire *chanter* les chœurs, ces chœurs qui n'étaient avant lui, comme l'a dit l'abbé Arnaud, « que des tuyaux sonores, faisant entendre une savante pièce d'orgue, » et leur faire prendre part à l'exécution musicale et à l'action dramatique autrement que comme de purs automates.

Nous n'avons pas à nous occuper ici de la querelle des *gluckistes* et des *piccinistes*, qui tient plutôt à l'histoire générale de la musique qu'à celle de l'Opéra même.

Cette querelle si vive et qui a fait naître tant de polémiques et d'injures, roulait en grande partie sur le talent de deux hommes entièrement opposés entre eux de style et de manières : Piccini, compositeur doux et facile, qui créait avec un charme incontestable des airs mélodieux, des chants gracieux et brillants, sans se préoccuper beaucoup de l'expression dramatique ; Gluck, au contraire, l'homme du sentiment et de la passion, instrumentiste profond, rempli d'effets si grandioses et si puissants que ses détracteurs, qui n'ont pu lui contester ses qualités orchestrales, ont cru pouvoir lui reprocher de manquer de chant. « Le chant lui sort par tous les pores ! » s'est écrié Rousseau après avoir vu la partition d'*Iphigénie.*

Cette exclamation d'un si bon juge suffit pour venger Gluck de ce reproche de *manque de chant* qu'on lui a souvent adressé. S'il eût été réellement dépourvu de cette qualité musicale, si essentielle et sur laquelle on discute si souvent sans s'entendre, eût-il jamais pu atteindre à ce point de grandeur et de renommée où il s'est maintenu constamment ?

Après Gluck, un des grands succès de l'Opéra fut l'*Œdipe à Colone*, de Sacchini, belle et grande partition, dont les principaux morceaux sont gravés encore à présent dans la mémoire des véritables amateurs.

Ensuite les *Noces de Figaro* et le *Don Juan*, de Mozart, vinrent occuper l'attention du public. On applaudit aussi vers la même époque quelques grands opéras de Grétry, dont le génie essentiellement naturel et simple convenait mieux sans doute au genre plus modeste de l'opéra comique.

Les premières années de notre siècle ont été illustrées par les beaux ouvrages de Mehul et de Chérubini, la *Stratonice* et les *Abencerrages*.

Fernand Cortez et la *Vestale* de Spontini, méritèrent presque de rivaliser avec les ouvrages de Gluck. Ces deux chefs-d'œuvre ont été si goûtés, ont obtenu une telle réputation, qu'on parle tous les jours de les reprendre avec tout le luxe de l'exécution et de la mise en scène actuelles. Le public le plus vivement épris des beautés de Rossini et de l'école moderne, est tout disposé d'avance à applaudir à ces deux reprises.

Nous nous rapprochons de la période contemporaine, de celle où une nouvelle école de chanteurs élevés en grande partie d'après la belle méthode des artistes italiens ou d'après les principes du fameux Garat, qui n'était lui-même qu'un chanteur a l'italienne, vint donner à la composition lyrique et aux tendances générales de l'art une impulsion toute nouvelle.

Il faut bien reconnaître que nos grands-pères applaudissaient plutôt des cris, des gestes et de grands efforts de gosier que de véritables effets de chant. Les Géliotte, les Lainez, les Laïs, les Branchut, les Saint-Huberti et tous les autres visaient surtout à être de grands instruments humains de la plus grande portée possible, sans l'ombre de modulation ni de charme.

L'immense succès obtenu par madame Catalani, la véritable importatrice en France de la fioriture italienne, vint prouver que le public commençait à se lasser de ces grandes prouesses de larynx, qui n'étaient pas toujours conformes au naturel et aux véritables conditions du chant. On vit paraître sur la scène de l'Opéra des chanteurs d'un tout autre style, tels que Nourrit et madame Damoreau, qui visaient plutôt à charmer qu'à ébranler et à surprendre. Il faut dire aussi qu'un homme de génie, Rossini, s'était emparé de la scène de l'Opéra et venait d'y faire représenter *Moïse*, le *Siége de Corinthe*, le *Comte Ory* et son admirable *Guillaume Tell*.

Rossini fut en grande partie l'auteur de la réforme du chant qui s'est accomplie de nos jours sur notre première scène lyrique. Il voulut des chanteurs *capables de chanter*, comme il l'a dit lui-même, et non plus seulement de pousser des cris à tue-tête. Il sut aussi modérer et discipliner les chœurs, empêcher l'orchestre de donner hors de propos et de produire de ces explosions intempestives pareilles à des détonations d'artillerie, qui détruisent entièrement les nuances et les effets de l'exécution vocale.

Ce fut sous l'influence de l'heureuse réforme introduite par Rossini qu'Aubert produisit sa plus belle composition la *Muette*, puis ses gracieuses partitions du *Philtre*, du *Dieu et la Bayadère*, du *Serment*, etc. La *Juive*, d'Halévy, représenta aussi un des grands succès de cette même période.

Bientôt la faveur des spectateurs de l'Opéra se concentra presque exclusivement sur les partitions d'un compositeur n'ayant jusqu'alors travaillé que pour les scènes allemandes et italiennes, Meyerbeer, qui se plaça à un rang tout à fait populaire par la partition de *Robert le Diable*, puis par les *Huguenots*, et enfin par le *Prophète*, qui s'est tenu à une place encore très-honorable, sans avoir pu toutefois rivaliser avec le succès de ses deux aînés.

Nous sommes encore trop rapprochés peut-être des œuvres de Meyerbeer pour pouvoir les juger définitivement. Il est certain qu'on y trouve bien des contrastes, on peut même dire des contradictions, qui empêchent de fixer une opinion absolue sur ses éminents ouvrages.

On leur reproche avant tout leur longueur, imposant souvent aux spectateurs de ces préparatifs de courage et d'attention qui doivent amener l'ennui dès que les beautés de l'œuvre cessent de se soutenir. On note plus d'une fois chez ce musicien, à côté de beautés du premier ordre, des puérilités choquantes, des obscurités, des redites, des exagérations de chœurs et d'orchestre qui déroutent trop souvent et fatiguent l'esprit des auditeurs ordinaires.

On se plaint de se trouver dans plus d'un passage de ses pièces en plein oratorio ou en pleine symphonie plutôt qu'en plein opéra. Quoi qu'il en soit de ces critiques, il est constant que les trois partitions de Meyerbeer que nous possédons contiennent des beautés trop réelles, trop saisissantes, pour qu'on puisse songer un instant à contester la haute faveur dont elles jouissent. Le magnifique quatrième acte des *Huguenots* suffit par lui-même pour assurer à tout jamais la renommée du compositeur. On peut dire que le nom de Meyerbeer, en dépit des restrictions ou même de certaines répulsions absolues, restera toujours comme une des principales gloires de notre première scène lyrique.

En enregistrant les succès obtenus par les opéras de notre temps, nous ne saurions sans injustice omettre la *Favorite*, de Donizetti, composition expressive, émouvante, si bien appropriée d'ailleurs au goût du public. Où n'a-t-on pas joué la *Favorite ?* Quel genre d'interprétation et de popularité n'ont pas obtenu ses principaux motifs? Cette partition, qui est restée seule avec la *Lucie* parmi les nombreux ouvrages de Donizetti, a été composée en moins de trois semaines, et pour un théâtre autre que celui de l'Opéra, sans aucune préoccupation du grand public qui l'attendait. Quand le même musicien composait *Don Sébastien de Portugal*, il prenait assurément bien plus de soins et de temps, et il réussissait beaucoup moins bien. Tant il est vrai qu'il y a de ces génies faciles et spontanés qui ont besoin de l'improvisation, comme d'autres ont besoin des lenteurs de l'exécution et du travail.

Nous devons aussi mentionner l'effet immense produit à l'Opéra par l'apparition du célèbre chanteur Duprez en 1837. Le succès de cet artiste a été trop grand et trop unanime pour qu'on doive le séparer de l'histoire de l'Opéra.

Elleviou, âgé de soixante-douze ans, arrivé à ce moment de la vie où l'on est plutôt disposé à nier qu'à contester les sympathies et les sensations de ses contemporains, déclarait, en sortant de l'une des premières représentations de la reprise de *Guillaume Tell*, que jamais à aucune époque il n'avait rien entendu qui pût être comparé même de très-loin avec le chant de Duprez.

Nous ne pouvons nous dispenser de rapporter ici les

circonstances, souvent retracées ailleurs, mais toujours intéressantes et curieuses, qui servirent d'escorte, et on peut le dire en quelque sorte, de *repoussoir* aux débuts de Duprez.

Nourrit était alors dans toute sa vogue. Nourrit, excellent acteur, plein de zèle et de conviction, chanteur peu remarquable, quoi qu'on ait pu dire, doué sans doute de beaucoup d'expression et d'habileté, mais dépourvu de cette qualité si essentielle à tout chanteur, la voix, qui avait toujours été chez lui grêle, aiguë, sans une grande flexibilité, prise dans les régions de la tête et du nez plutôt que dans celles de la poitrine, leur siége naturel.

Quoi qu'il en soit, le public parisien avait adopté Nourrit, on lui avait voué une sorte d'affection sympathique inspirée par les qualités de l'homme privé au moins autant que par celles de l'artiste. On éprouva donc une sorte de surprise mêlée d'un sentiment de regret et de déplaisir lorsqu'on apprit qu'un nouveau ténor se proposait de débuter à l'Opéra dans l'emploi occupé si brillamment par Nourrit.

Le nouveau ténor s'appelait Duprez. Il arrivait d'Italie, où il avait joué pendant plusieurs années, et s'était fait, disait-on, une grande réputation. Mais on sait que les réputations venues d'Italie sont loin d'être toujours confirmées par le public français. Nos voisins d'au delà des monts s'enthousiasment plus aisément et à beaucoup moins de frais que nous. D'ailleurs, on se souvenait d'avoir entendu autrefois Duprez sur la scène de l'Odéon avant son départ pour l'Italie. Son début n'avait eu rien de brillant. On n'avait vu qu'un très-jeune chanteur doué d'une jolie voix, assez fraîche, mais fort restreinte, et qui n'annonçait aucun des magnifiques développements qu'elle devait prendre plus tard.

Le jour de la répétition générale de la reprise de *Guillaume Tell*, M. Duponchel, qui était alors directeur de l'Opéra, avait cru devoir convoquer un certain nombre d'amis, de journalistes et de personnes de connaissance pour qu'on eût à se prononcer sur le talent de Duprez. La salle se trouvait donc presque entièrement garnie comme pour une représentation ordinaire.

Le public de choix qui remplissait la salle de l'Opéra, ne put retenir un murmure de surprise et de désapprobation lorsqu'il vit paraître dans ce rôle d'Arnold, créé par Nourrit avec tant d'avantages et avec son extérieur imposant, un petit homme sans mine ni tournure, qui n'avait certes rien d'héroïque dans les traits ni dans le maintien, et semblait se présenter tout exprès pour être écrasé par son rival.

Duprez, sans se décourager par cet accueil, entame avec l'énergie qu'il n'a jamais perdue, même dans ses plus grands moments de défaillance, la phrase de début du récitatif :

On me parle d'hymen, etc.

Ses premières notes, si pénétrantes, si sonores, produisirent dans toutes les loges une sorte d'ébranlement électrique. Au bout de quelques minutes, l'artiste pouvait se dire qu'il tenait son auditoire, et que s'il succombait, ce ne serait pas du moins sans avoir glorieusement lutté.

Les murmures approbateurs commencèrent à la fameuse phrase : *O Mathilde, idole de mon âme*, que Duprez dit avec un charme de tendresse incomparable et que faisaient merveilleusement ressortir ses belles notes de poitrine. Le beau récitatif du duo du second acte : *Ma présence pour vous*, fit éclater de véritables transports, qui redoublèrent encore quand éclata la phrase du magnifique trio : *Mon père, tu m'as dû maudire.* L'air final : *Asile héréditaire*, mit le comble à l'enthousiasme ; toutes les personnes sortirent de cette répétition avec la conviction si bien ratifiée par tout le public, qu'elles venaient d'entendre le premier ténor du monde et le modèle du chant moderne.

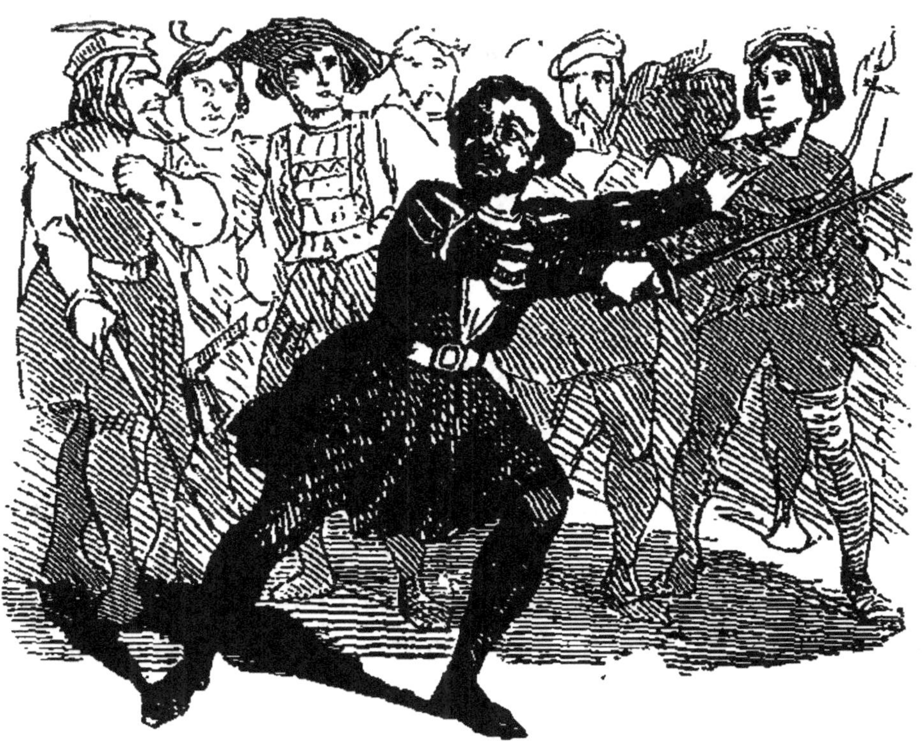

Duprez dans *Guillaume Tell.*

Tous ceux qui nous liront ont sans nul doute entendu Duprez, et ont pu se rendre compte des qualités éminentes de style et d'expression qui ont fait la renommée de ce grand artiste. Entendre un chanteur est au fond la meilleure manière de l'analyser.

On a adressé au chant de Duprez quelques critiques méritées. On lui a reproché de ralentir trop souvent les mouvements, d'attaquer la note d'une façon parfois heurtée et de donner à son récitatif une nuance légèrement emphatique qui altérait souvent son articulation.

Tous ceux qui ont applaudi Duprez savent si on faisait beaucoup d'attention à ces imperfections légères lorsqu'on l'entendait dans ses bons jours déployer cette exécution si ample et magnifiquement pathétique qui fait presque désespérer de trouver aucun ténor digne de le remplacer. Quel dommage qu'un si beau talent ait si peu duré, et que le public, après avoir joui pendant un temps de cette suite de soirées si triomphales, ait eu à supporter ensuite une trop longue période d'affaiblissement pénible, et pour tout dire de ruine véritable !

A côté du nom de Duprez, on doit citer celui de la touchante et belle Falcon, qui a trop peu duré aussi, et a été au nombre des tristes victimes des partitions trop longues et des trop grands efforts de voix.

Parmi les artistes qui ont brillé sur la scène de l'Opéra, il faut citer avec Nourrit, dont nous avons déjà parlé, Nourrit qui fut une véritable organisation d'artiste, comme sa triste mort ne l'a que trop prouvé; madame Damoreau, la reine des cantatrices légères; Levasseur, chanteur longtemps froid et concentré, qui avait fini par trouver dans Bertrand un rôle à sa taille; madame Dorus, cantatrice très-habile, n'ayant ni le charme ni la grâce de madame Damoreau; puis, de notre temps, madame Stoltz, qui a créé avec tant d'intelligence et d'éclat le rôle de la Favorite; enfin Roger, qui est plutôt un comédien qu'un chanteur, artiste d'intelligence et de goût rappelant souvent Nourrit, dont il reproduit dans certains rôles l'animation et la grâce.

Parmi les personnes qui nous lisent, il s'en trouvera peut-être qui seront étonnées de ne pas nous voir accorder, dans ce résumé succinct de l'histoire de l'Opéra, la même place aux productions chorégraphiques et aux danseurs qu'aux chanteurs et aux compositeurs lyriques.

Nous ne prétendons nullement contester que l'art des ballets ne soit un art complet, ni même nier qu'il ait son histoire spéciale, puisqu'on a écrit de très-nombreux volumes sur les ballets et la danse; mais sans vouloir rabaisser la chorégraphie, qui tient si bien sa place à l'Opéra et compte de nombreux partisans, on ne peut cependant se dissimuler que la danse ne soit un art inférieur à la musique et qu'il n'y ait infiniment plus de gloire et de difficulté à créer un grand opéra ou même un bon poëme lyrique que le ballet le plus parfait du monde.

Il ne faut, d'ailleurs, qu'examiner les faits eux-mêmes, pour se convaincre de cette vérité : il est constant que la chorégraphie tombe dans le ridicule pour peu qu'elle veuille s'élever et viser à des effets grandioses ou même sérieux. Quand le fameux Noverre essaya, au siècle dernier, de mettre en ballet le sujet des *Horaces*, tout Paris lui rit au nez, et, cette fois, tout Paris avait raison. On demanda au célèbre chorégraphe pourquoi il ne ferait pas danser les *Maximes de La Rochefoucauld!*

Il est assez difficile de noter dans la danse ce développement chronologique qui permet d'embrasser l'ensemble des autres arts, ni de citer sérieusement des illustrations chorégraphiques qui aient résisté à l'épreuve des temps et de la vogue.

On ne peut méconnaître qu'il n'y ait beaucoup de

mode, après tout, dans cet art fugitif qui s'adresse si directement aux sens et aux yeux. On danse aujourd'hui tout autrement qu'on ne dansait hier. Et qui est-ce qui songe à invoquer autrement que dans une pensée de moquerie involontaire les grands noms, devenus si pâles, des Dauberval, des Dupré et des Vestris ?

C'est, du reste, une preuve incontestable de bon goût et de jugement de la part de notre temps, d'avoir en grande partie supprimé le danseur, qui n'aurait jamais dû s'introduire dans les habitudes et les passe-temps des peuples raisonnables. On s'est lassé, grâce au ciel, de ces grands automates humains, de ces entrechats et de ces pirouettes à perte de vue, dont l'exécution exigeait de longues années d'exercice et d'étude employées dans un but stérile et le plus souvent ridicule.

Reste donc *la danseuse*, qui se maintiendra sans doute tant que l'opéra subsistera. Aussi, en laissant les danseurs de côté, nous faisons-nous un plaisir et un devoir de mentionner cette gracieuse et charmante pléiade de danseuses contemporaines qui s'ouvre si heureusement par mademoiselle Taglioni et réunit dans une même auréole les noms des Elsler, des Carlotta Grisi, des Cerito, des Rosati, etc.

Les ballets, qui se confondent généralement un peu avec les accessoires et les décors du théâtre, n'ont qu'une assez courte durée. Le public d'à-présent ne supporte guère plus de vingt à trente représentations, tout au plus, d'un même ballet. Ce genre ne se maintient qu'à la condition de renouveler sans cesse ses produits.

Cependant, parmi les ballets si nombreux que l'on a vus se succéder depuis vingt-cinq ans sur la scène de l'Opéra, il en est qui, tels que la *Sylphide*, ont obtenu une vogue vraiment populaire; d'autres, tel que la *Jolie fille de Gand*, ont été remarqués par la richesse et l'intelligence de la mise en scène.

Après avoir jeté ce coup d'œil rétrospectif sur l'histoire et le passé de l'Opéra, il nous reste à indiquer ce qui a rapport à la salle même et ce qui intéresse directement le public actuel.

L'Opéra est situé rue Lepelletier et rue Drouot, deuxième arrondissement.

On ne pouvait guère choisir une position plus centrale et plus avantageuse pour ce théâtre de luxe et d'élégance, qui se trouve situé au milieu du plus riche quartier de Paris.

Nous avons vu précédemment que l'Opéra, après avoir séjourné quelque temps dans la salle du jeu de paume, s'était établi ensuite, sous la direction de Lulli, dans la salle du Palais-Royal, en 1673.

Cette salle fut brûlée en 1763 : les acteurs de l'Opéra obtinrent de donner des représentations aux Tuileries, dans la salle des machines. On donna pour pièce d'inauguration le ballet de *Castor et Pollux*.

Six années après, l'Opéra fut réinstallé dans une salle nouvelle qui avait été bâtie sur le terrain de l'ancienne. La nouvelle salle eut le sort de son aînée : elle fut consumée par l'incendie, en 1781.

On bâtit alors, avec une promptitude extrême, une autre salle sur le boulevard Saint-Martin, c'est celle qui porte aujourd'hui le nom de théâtre de la Porte-Saint-Martin.

L'Opéra quitta ce local provisoire en 1798 pour aller s'établir, toujours provisoirement, dans une salle que mademoiselle Montansier avait fait construire rue Richelieu, sur le terrain de la place Louvois actuelle.

L'assassinat du duc de Berry, en 1820, inspira au gouvernement la pensée de faire détruire cette salle, qui n'était pour rien pourtant dans cet événement déplorable. La troupe de l'Opéra, après avoir donné quelques représentations à la salle Favart, prit possession en 1821 de la salle que l'on construisit sur l'emplacement du jardin de l'hôtel Choiseul, rue Lepelletier.

Cette salle est celle que l'Opéra occupe encore aujourd'hui.

C'est très-sérieusement que nous disons que cette salle est *provisoire*, ainsi que toutes celles qui l'ont précédée, puisqu'il ne se passe guère d'années où le conseil municipal de la ville de Paris ne décide qu'il sera fait choix d'un emplacement définitif pour bâtir le théâtre de l'Opéra.

En attendant qu'on lui ouvre cette salle définitive (et il peut se passer encore bien du temps avant qu'elle soit bâtie ou même arrêtée), le public parisien se contente de la salle actuelle, qui a été construite sur un très-bon plan par l'architecte Debret.

Le seul reproche que l'on puisse faire à cette salle est de se trouver dans une rue trop étroite pour l'importance et le développement de l'édifice. Du reste, les dégagements se font avec facilité; le péristyle est vaste et grandiose; il communique de plain-pied avec un passage élégant qui conduit droit au centre même du boulevard Italien, dont on ne pourrait guère séparer l'Opéra sans lui enlever tous ces spectateurs, habitués des restaurants et des boulevards, qui ne savent vivre que sur un point spécial de Paris.

L'intérieur de l'Opéra est orné avec un goût et une

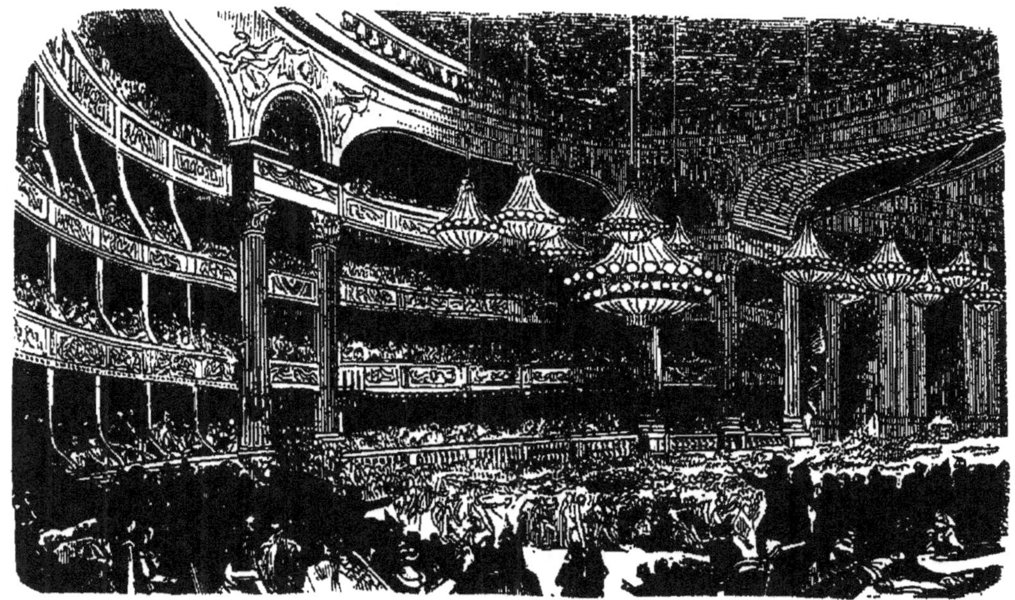

Bal masqué à l'Opéra.

richesse conformes à la fois et au genre du théâtre et aux habitudes du public qui le fréquente.

Les peintures et les décorations de la salle sont entretenues avec le plus grand soin, restaurées, sinon entièrement modifiées tous les ans.

Les heureuses dispositions des places et la construction de l'édifice permettent d'entendre et de voir parfaitement, même des loges qui avoisinent les combles.

On admire avec raison le foyer, qui offre un coup d'œil vraiment magnifique et forme une longue galerie ornée de tous les bustes des compositeurs français et étrangers dont les ouvrages ont été représentés à l'Opéra.

On fera bien de ne pas négliger de voir, ne fût-ce qu'une seule fois, cette salle de l'Opéra animée, à l'époque du carnaval, par un bal masqué. Ce spectacle étrange et curieux, si différent de celui qu'offre la salle les jours ordinaires, ne peut manquer d'intéresser vivement même le simple observateur qui tient à voir de près les mœurs et les allures d'une certaine classe de la population parisienne.

L'Opéra reçoit une subvention annuelle de 620,000 fr. On évalue les recettes à un million par an.

L'Opéra a été, jusqu'en 1830, dirigé par l'État. Depuis, on créa un directeur qui devait administrer à ses risques et périls. M. Véron a dû à cette innovation dans le mode d'administrer l'Opéra le principe de sa grande fortune, dont il doit attribuer une partie à son habileté, et la meilleure part sans doute au grand succès de *Robert le Diable*.

Le gouvernement actuel est revenu au mode d'exploitation d'avant 1830. Le directeur n'est plus qu'un simple agent du ministre d'État qui a pris en main la direction et l'administration du théâtre.

Représentations le lundi, le mercredi et le vendredi; et quelquefois, en hiver, des représentations extraordinaires le dimanche.

PRIX DES PLACES:

(1,800 places.)

INDICATION DES PLACES.	BUREAU.	LOCATION.
Baignoires d'avant-scène. Avant-scène du foyer.... Loges du foyer.......... Stalles d'amphithéâtre...	10 fr. » c.	12 fr. » c.
Stalles d'orchestre....... Loges de balcon......... Baignoires............... Premières de face........ Avant-scènes des premières...............	8 »	10 »
Premières loges.........	7 »	8 »
Deuxièmes de face et loges intermédiaires.........	6 »	7 »
Deuxièmes de côté.......	4 »	5 »
Troisièmes de face.......	4 »	5 »
Troisièmes de côté....... Quatrièmes loges de face.	2 50	3 »
Amphithéâtre........... Parterre................	4 »	4 »

TARIF DE LA LOCATION.

INDICATION DES PLACES.	NOMBRE DE PLACES.	PRIX POUR Trois mois.	Six mois.	Un an.
		fr.	fr.	fr.
Entrée personnelle, sans désignation de place............	1	»	300	500
Entrée personnelle aux stalles d'orchestre et d'amphithéâtre des premières loges......	1	360	600	1 000
Entrée au balcon...	1	390	700	1 200
Entrée à la galerie.	1	300	500	850
LOGES-BAIGNOIRES.				
Avant-scène.......	8	3 300	5 200	8 100
Baignoire d'avant-scène............	5	1 920	5 100	4 900
Baignoire de côté...	4	1 000	1 700	3 200
	5	1 500	2 200	4 000
LOGES DU FOYER.				
Avant-scène.......	10	3 100	6 200	10 000
	7	2 800	4 550	7 116
	6	1 900	3 300	5 100
Loge de face.......	6	2 400	3 900	6 100
Loge de côté.......	5	1 300	2 400	4 000
PREMIÈRES LOGES.				
Avant-scène.......	8	2 600	4 300	6 800
	6	1 900	3 300	5 100
Loge de face.......	6	1 900	3 300	5 100
Loge de côté.......	6	1 400	2 400	4 500
	4	1 000	1 700	3 200
SECONDES LOGES.				
Loge de face.......	6	1 300	2 300	4 200
Loge de côté.......	6	900	1 500	3 000
TROISIÈMES LOGES.				
Loge de face.......	6	900	1 500	3 000
Loge de côté.......	6	700	1 100	2 100

VI. — THÉATRE-FRANÇAIS.

Nous passerons assez rapidement sur les commencements du Théâtre-Français qui n'offrent guère qu'une succession, assez peu intéressante aujourd'hui pour nous, de déménagements dramatiques, de changements de salles, de constitutions ou de dissolutions de troupes d'acteurs.

Le Théâtre-Français date, si l'on veut, des premières tentatives de l'art théâtral en France, des temps primitifs où les élèves de la basoche exécutaient des scènes moitié sacrées ou moitié grotesques sur la fameuse table de marbre du Palais-de-Justice.

Il est plus juste de faire remonter l'origine du Théâtre-Français au commencement du XVIIe siècle, à l'époque où florissait le *Théâtre du Marais*, dont la troupe offrait un mélange de bouffons italiens et d'acteurs français venus de la province. Cette troupe était dirigée par Mondori, et dut une grande partie de son succès aux bouffonneries du fameux Scaramouche, que l'on regardait alors comme le roi des comiques.

Une autre troupe, plus solennelle mais moins divertissante sans doute que celle de Mondori, avait été formée pour jouer dans la salle du Palais-Royal, que le cardinal de Richelieu venait de faire construire tout exprès pour faire représenter la fameuse tragédie de *Mirame*.

Bientôt la troupe de Molière vint faire ses débuts, grâce à la protection toute spéciale du prince de Conti, devant Louis XIV, qui sut, à l'aide de son coup d'œil toujours si juste et si profond, discerner le mérite des nouveaux comédiens et surtout de son directeur.

La première représentation de la nouvelle troupe eut lieu dans la grande salle du Louvre, que l'on appelle aujourd'hui la *salle des Cariatides*. Le théâtre fut placé contre les admirables statues de Puget, et on ne peut s'empêcher de trembler lorsqu'on songe qu'il ne fallait que la maladresse d'un machiniste ou d'un employé du théâtre pour endommager d'une façon irréparable peut-être une des productions les plus intéressantes de l'art moderne.

La faveur royale que Molière sut se concilier lui obtint de pouvoir transférer sa troupe sur le théâtre du Petit-Bourbon et ensuite, lorsque cette salle fut démolie, sur le théâtre du Palais-Royal, dont il resta en possession jusqu'à sa mort.

Deux troupes rivales, celle du Marais et celle de l'hôtel de Bourgogne, disputaient à la troupe de Molière la faveur du public; mais la lutte ne pouvait être que fort inégale, du vivant de l'auteur du *Tartufe* et tant qu'il fut là pour alimenter son théâtre avec ses chefs-d'œuvre.

A sa mort, la division se mit dans sa troupe. Une partie de ses acteurs, entre autres la Thorillière et le célèbre Baron, allèrent se joindre à la troupe de l'hôtel de Bourgogne. Nous avons vu à l'article de l'Opéra que Lulli, soutenu par la faveur de madame de Montespan, était parvenu à prendre possession de la salle du Palais-Royal. L'autre partie de la troupe de Molière se fixa dans la rue Guénégaud. Elle eut le bon esprit de former le fond de son répertoire surtout avec les pièces de l'auteur du *Tartufe*. Ce choix fut sans doute une des grandes causes de son succès.

La troupe de l'hôtel de Bourgogne ne tarda pas à se

dissoudre. Louis XIV ordonna que les deux troupes n'en feraient plus désormais qu'une seule et donneraient leurs représentations sur le théâtre de la rue Guénégaud, qu devint dès lors le siége véritable et le berceau du Théâtre-Français tel que nous le possédons aujourd'hui. Une dotation annuelle de 12,000 livres fut assurée à la troupe des comédiens par un règlement émané du roi. Telle fut l'origine des pensions quo nous voyons se perpétuer encore à présent.

L'affluence des spectateurs devint telle que la salle de l'hôtel Guénégaud fut jugée trop étroite et nécessita la construction d'une nouvelle salle qui fut élevée dans la rue des Fossés-Saint-Germain-des-Prés, que l'on appelle aujourd'hui rue de l'Ancienne-Comédie.

Le nouveau théâtre était situé juste en face le café Procope, qui devint un bureau de critique et un centre de bel esprit, grâce à la réunion d'auteurs, d'écrivains et de journalistes qui s'y donnaient rendez-vous tous les jours à cause du voisinage du théâtre.

C'est dans la salle de la rue Saint-Germain-des-Prés qu'ont été données les compositions dramatiques les plus remarquables de la fin du XVIIe siècle et de la plus grande partie du XVIIIe. On y a joué successivement les comédies de Regnard, si vivantes alors et si effacées aujourd'hui; l'immortel *Turcaret* de Lesage, le *Méchant* de Gresset, la *Métromanie* de Piron, les tragédies de Crébillon, celles du meilleur temps de Voltaire.

La salle de la rue Saint-Germain-des-Prés manquait de solidité et était d'ailleurs depuis fort longtemps en disproportion avec le nombre des spectateurs qui l'encombraient tous les soirs. Il faut dire que le public français était dans ce temps-là bien autrement affamé de spectacles qu'il ne l'est aujourd'hui. Les Comédiens Français durent se transporter, en 1770, dans la salle des *Machines*, qui se trouvait dans l'intérieur des Tuileries.

La troupe n'occupait cette salle que par tolérance et en attendant qu'on eût achevé de lui construire une nouvelle salle sur l'emplacement de l'hôtel Condé, où se trouve aujourd'hui le théâtre de l'Odéon.

C'est dans cette salle que Beaumarchais fit jouer son *Mariage de Figaro*, qui fut tout un événement trop connu et trop souvent raconté pour que nous ayons à en reproduire ici les détails.

Une de ces scissions qui ne sont que trop fréquentes dans les troupes de comédiens à cause des rivalités et des jalousies sans nombre qui se glissent entre les chefs d'emploi, divisa la troupe française en deux camps, dont l'un resta dans l'ancienne salle, et l'autre alla s'établir dans la salle du Palais-Royal. C'est en 1790 qu'eut lieu cette séparation.

A l'époque de la révolution il y eut, grâce à la liberté illimitée des théâtres, jusqu'à trois colonies différentes d'acteurs, qui exploitèrent en concurrence le genre que représente exclusivement aujourd'hui la Comédie-Française. Les comédiens se trouvaient disséminés entre les salles Condé, Louvois et Favart.

Un arrêté du premier consul, daté de 1800, vint couper court à cet ordre de choses. Il ordonna la fusion des trois troupes en une seule. Le fameux décret de 1812, daté de Moscou, conféra à la Comédie-Française le droit de « s'administrer elle-même, régla les droits pécuniaires et les priviléges dont jouissent encore aujourd'hui les sociétaires. »

Au commencement de ce siècle-ci, la Comédie-Française avait pris possession de la salle de la rue Richelieu, qu'elle occupe à présent, et dont on n'a jamais parlé de la déloger, malgré les déplacements notables de la population qui ont eu lieu depuis plusieurs années, et tendent chaque jour à changer le centre de Paris.

La Comédie-Française doit sans doute son plus beau lustre aux chefs-d'œuvre de notre littérature nationale, dont elle a été de tous les temps l'interprète officielle. Elle a eu le bon esprit et le bon goût de s'appeler la *maison Molière*, ayant le soin de placer son existence et son origine sous la tutèle d'un patronage immortel.

Il est inutile de rappeler les noms des anciens écrivains du XVIIe et du XVIIIe siècles ayant contribué à l'existence et à l'ornement de la Comédie-Française ; la plus grande partie de notre littérature a passé sur cette scène. On a même conservé certains noms de l'empire et de la restauration, qui n'ont pas été absolument sans éclat, ni sans mérite; tels ont été Lemercier, de Jouy, Arnault, surtout Casimir Delavigne et Soumet.

Il serait certainement injuste d'omettre les noms contemporains qui ont apporté aussi des succès à la Comédie-Française, avec d'autres préoccupations de genre, de style et d'école. On doit donc citer parmi les écrivains de notre temps ayant brillé à des titres divers sur la scène française MM. Victor Hugo, de Vigny, Alexandre Dumas, Scribe, Alfred de Musset, Ponsard, Augier, Jules Sandeau, etc.

Toutefois, on ne doit pas oublier aussi qu'outre les noms de la littérature proprement dite qui est le fond et l'âme de tout théâtre d'un ordre relevé, la Comédie-Française n'a jamais cessé de posséder depuis son origine une suite non interrompue d'excellents comédiens, d'actrices d'élite, dont les talents ont contribué sans doute pour une part notable à conserver à notre première scène littéraire la haute position qu'elle occupe.

Depuis Baron, que l'on a surnommé du temps de Louis XIV le *comédien roi*, jusqu'à Talma, qui semble avoir réalisé, au dire de ceux qui ont pu jouir de son talent, l'idéal de l'acteur tragique, on trouve dans les annales du Théâtre-Français une liste si longue de noms de comédiens renommés dans tous les genres et dans tous les emplois, qu'on ne saurait songer à la transcrire sans s'engager dans une histoire spéciale de la scène française.

Qu'il nous suffise de rappeler les noms de Lekain, qui a dû avoir à un bien haut degré le don du pathétique et de la sensibilité, puisqu'il a su faire pleurer Voltaire; puis les Clairon, les Duménil, les Préville, les Molé, les Contat, les Fleury et tant d'autres, dont les contemporains nous parlent avec des expressions si passionnées, dans des termes d'admiration si vive, qu'on se figure parfois avoir joui soi-même de leur talent. On subit leur prestige à distance et on les cite faute de les avoir entendus.

La Comédie-Française de notre temps, sans avoir sans doute l'éclat et les richesses du passé, ne laisse pas de posséder un certain nombre de comédiens distingués, d'un mérite reconnu, très-dignes du précieux héritage qu'ils ont reçu et des traditions qu'ils sont chargés de représenter.

Pour rester dans le vrai, on doit constater que le Théâtre-Français actuel est riche, surtout en acteurs du genre comique.

On applaudit à juste titre Samson, comédien d'un grand talent, d'une incontestable finesse, dont le débit est une extrême distinction, et qui mérite d'être appelé le premier des comédiens de détail; puis Régnier, acteur éminemment intelligent, expressif, ayant su corriger la nature de son débit parfois entaché d'un peu de lour-

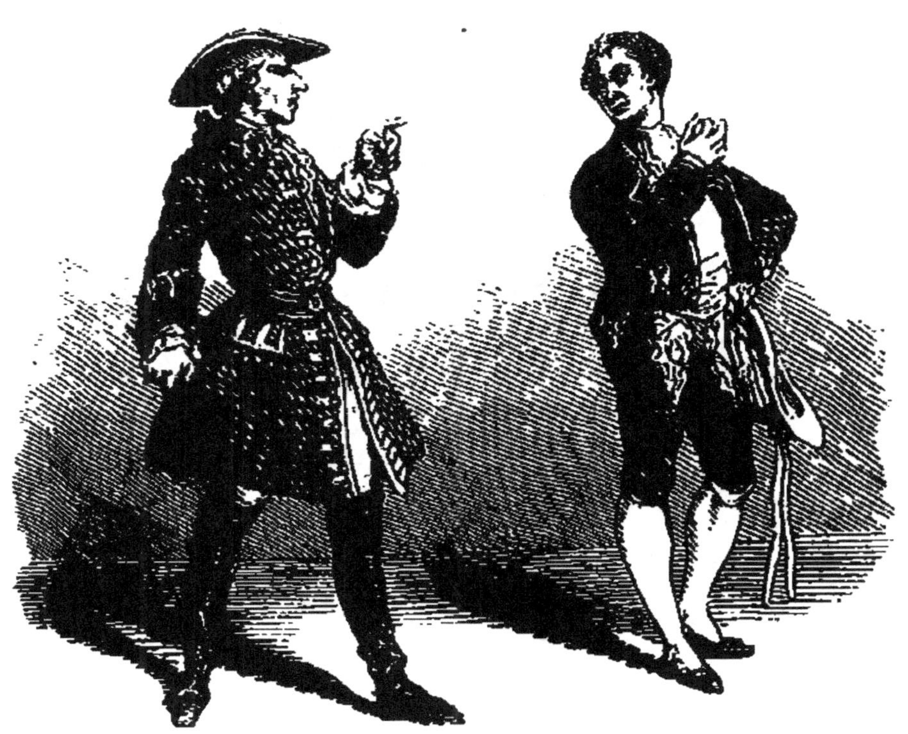

Geffroy et Samson.

deur caverneuse par toutes les qualités de la verve, du naturel et du relief; Provost, excellent père noble, qui possède si bien le masque et le caractère des personnages de Molière.

Nous citerons parmi les femmes madame Allan, actrice si spirituelle, que la Russie nous a enlevée pendant trop longtemps; mademoiselle Augustine Brohan, qui est, comme on l'a dit très-justement, une coquette et non une soubrette, et qui a le tort de compromettre souvent par l'affectation de l'esprit et l'excès d'abandon les plus brillantes qualités de comédienne; puis plusieurs jeunes sociétaires, toutes gracieuses, éparpillées dans les divers

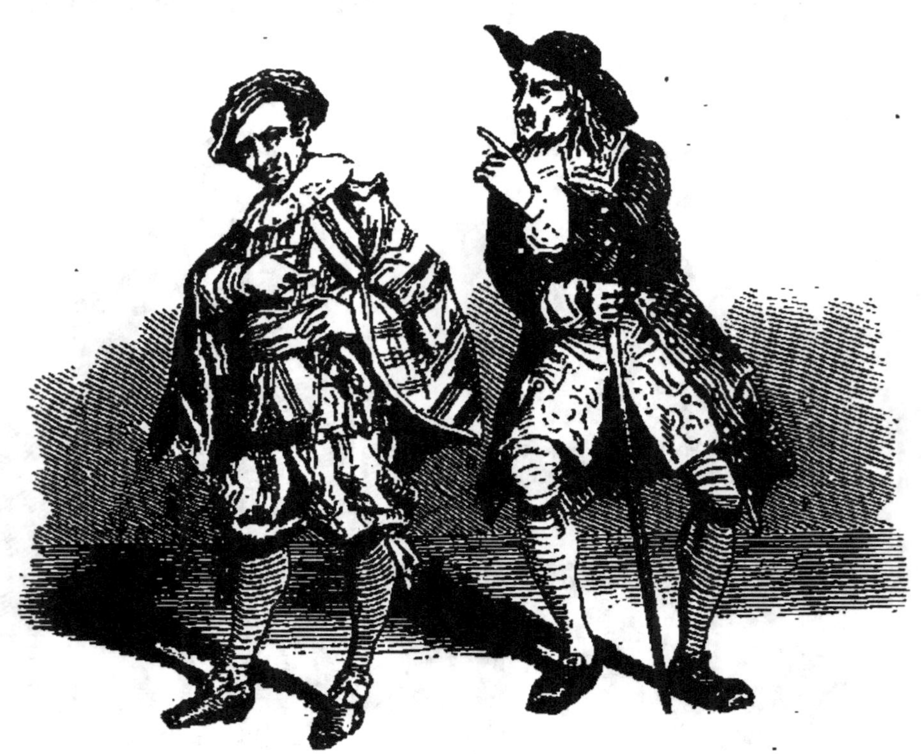

Régnier et Provost.

emplois de la comédie, plaisant aux yeux du moins, sinon toujours à l'intelligence et au cœur, et que l'on regrette de voir toutes taillées un peu trop sur le même modèle de jeu, de langage et d'allures.

On ne peut pas dire que la Comédie-Française soit précisément pauvre en sujets tragiques, puisqu'elle possède une artiste hors ligne, que les quatre parties du monde se disputent sans cesse, et qui a la gloire (si c'en est une) d'avoir ressuscité de nos jours la tragédie des vieux temps, tombée en désuétude; chacun a déjà nommé mademoiselle Rachel.

Ce ne serait assurément pas ici la place de faire ni l'historique, ni l'analyse du talent de mademoiselle Rachel. Il y aurait trop à dire sur ce sujet-là, à remonter trop haut pour avoir juste le mot de l'énigme de cette renommée, où il y a eu peut-être un peu et beaucoup d'engouement rétrospectif.

Bien des gens ont considéré mademoiselle Rachel comme une répression du romantisme, une vengeance de Racine, qui n'a eu certes jamais besoin d'être sérieusement vengé. Quoi qu'on pense du talent incontestable de mademoiselle Rachel, qu'on la prenne ou comme le

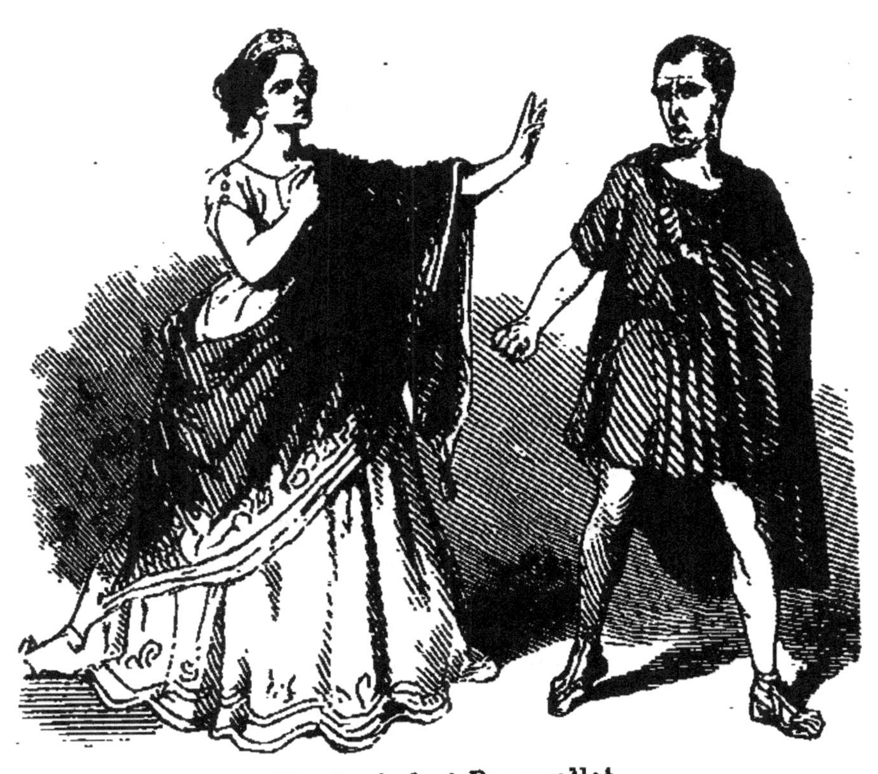

Mlle Rachel et Beauvallet.

modèle de l'art scénique, ou tout simplement comme un beau fragment de marbre de Paros à peine animé que l'on regarde, mais dont on ne jouit guère, les prosélytes déclarés ne nieront pas du moins qu'il ne soit regrettable que ce talent n'ait jamais pu trouver sa note dans la littérature contemporaine. Tous les grands acteurs ont bien rendu les anciens, mais ils ont encore mieux rendu les modernes. Une actrice, qui se trouve n'être que l'écho officiel de cinq ou six tragédies consacrées, ne peut manquer de voir tôt ou tard le public se refroidir à son égard, malgré toute l'autorité des titres acquis et la plus longue période de triomphes.

A côté de mademoiselle Rachel, on remarque Beauvallet, acteur doué d'un très-bel organe, dont on lui a reproché d'abuser parfois, du reste saisissant et produisant un effet réel dans certains personnages du genre sombre et terrible; puis Geffroy, comédien un peu négatif, manquant souvent de cet éclat extérieur qui attache le public, mais artiste éminemment habile, intelligent, capable de s'élever très-haut s'il rencontre un rôle marqué à l'empreinte toute spéciale de son talent et de ses allures.

La Comédie-Française a le droit de prendre dans les autres théâtres les comédiens qui se trouvent être à sa convenance; c'est là sans doute un privilége excessif et qui n'est guère fait pour attirer les sympathies à cette institution du secrétariat, si peu conforme aux idées et aux principes du temps où nous sommes.

C'est ainsi qu'on a vu dernièrement un acteur du Gymnase, Bressant, venir se joindre à la troupe du Théâtre-Français pour prendre l'emploi de premier amoureux. Sans avoir trouvé dans Bressant toutes les qualités de l'emploi, le plus difficile du théâtre sans contredit, on s'estaccordé à lui reconnaître beaucoup de charme, de grâce et de distinction, à défaut de cette chaleur, de cette sensibilité communicative unie au don

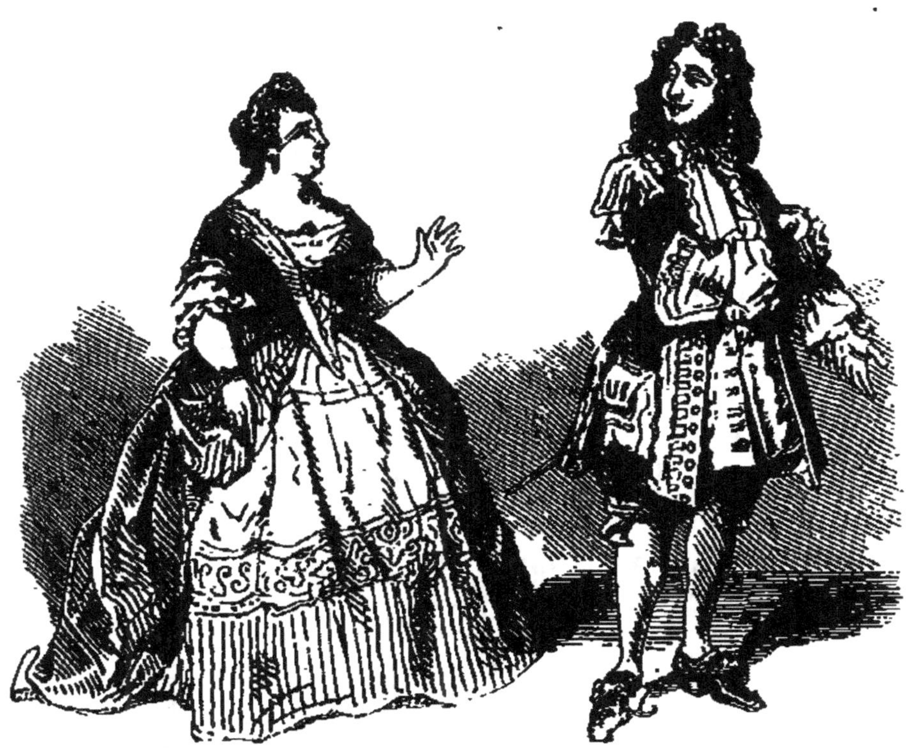

Mme Allan et Bressant.

de la légèreté suprême que l'on espère en vain trouver chez les amoureux de notre temps.

« Autre temps, autres mœurs. » Ce vieil axiôme ne saurait être trop souvent répété aux gens qui se plaignent sans cesse de la troupe de notre scène française, et la trouvent malgré tous ses mérites incontestables souvent froide, routinière, entachée de lourdeur et de bourgeoisie.

Vouloir posséder au XIXe siècle la comédie du XVIIIe, c'est tout bonnement vouloir aller contre la loi des temps. Nous sommes sans doute fort loin de l'époque où les grands seigneurs et les fats à paillettes venaient tous les soirs dans les coulisses tout exprès pour poser devant les Molé et les Fleury, qui jouaient presque toujours leurs rôles d'après certains originaux vivants ; où les comédiennes étaient en général filles du grand monde ou tout au moins du monde débauché, et n'avaient qu'à être sur la scène aussi brillantes qu'elles étaient dans les parties de plaisir et les boudoirs, où enfin l'esprit, les bons mots, toutes les perles du marivaudage pleuvaient en abondance et spontanément dans leur entourage. La loge d'une actrice en vogue n'était-elle pas alors la continuation naturelle des soupers et des cercles ?

Rêver le retour d'un pareil théâtre, c'est encore une fois vouloir refaire son temps. Jugeons nos comédiens au point de vue moderne, n'en exigeons que ce qu'ils peuvent nous donner relativement à nos mœurs, au milieu où nous nous trouvons nous-mêmes, et nous cesserons de nous créer des utopies scéniques qui ne tendraient à rien moins qu'à détruire entièrement le théâtre moderne, en nous jetant incessamment dans des regrets et de stériles invocations aux artistes du passé.

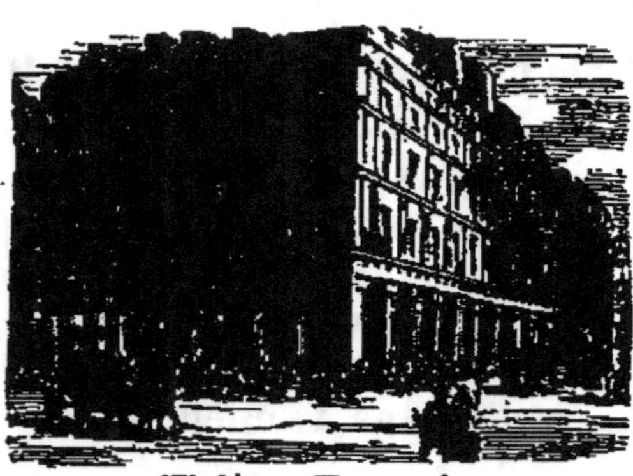
Théâtre-Français.

La salle du Théâtre-Français est située à l'extrémité de la rue Richelieu. Elle a l'avantage de se trouver adossée aux batiments du Palais-Royal, ce qui permet aux spectateurs de jouir pendant les entr'actes de la promenade des galeries les jours de pluie, et de celles du jardin dans les beaux jours.

La décoration intérieure du Théâtre-Français est simple, et n'a pas ce caractère de luxe et de splendeur qui distingue celle de l'Opéra. A l'Opéra il semble qu'on soit chez un traitant ou chez un grand seigneur du dernier siècle; à la Comédie-Française, on est dans un salon littéraire suffisamment orné, mais sans aucune prétention; on sent que les questions de décors et d'accessoires n'y ont qu'une importance secondaire.

On regrette que le foyer du Théâtre-Français ne soit pas plus vaste ni plus convenablement disposé. Le salon carré est trop étroit et rend la circulation difficile quand il y a affluence de spectateurs. Le long corridor en forme de boyau qui vient à la suite et aboutit à un triste comptoir de limonadier n'offre assurément rien de gracieux, et ne répond pas à la destination d'un premier théâtre.

On trouve dans le foyer du Théâtre-Français les bustes des poëtes et des écrivains les plus célèbres qui ont fait représenter des pièces depuis Corneille jusqu'à ceux des contemporains célèbres enlevés récemment par la mort. Plusieurs de ces bustes sont considérés comme des chefs-d'œuvre. La plupart de ceux qui appartiennent à la période du XVIIIe siècle étincellent d'animation et de vie. Le marbre, si froid et si sévère d'habitude, respire, s'agite, sourit dans les masques expressifs de Piron, de Marivaux, de Beaumarchais, de Destouches, etc.

Depuis quelque temps on a cru devoir suspendre dans le foyer du Théâtre-Français des portraits d'acteurs qui sont loin de pouvoir soutenir la comparaison avec les bustes sous le rapport de l'exécution. Ces peintures chatoyantes auraient été sans doute mieux à leur place dans le foyer des artistes, où se trouvent déjà plusieurs portraits d'anciens comédiens. Le public a généralement regretté l'ancien aspect du foyer, qui plaisait par sa simplicité même et son air de sévérité quelque peu puritaine.

On admire sous le péristyle du Théâtre-Français la belle statue de Voltaire, par Houdon. On ne se lasse pas de regarder cette production si intelligente et si vraie représentant avec tant de verité l'image de l'éminent et immortel railleur.

La Comédie-Française reçoit une subvention annuelle de 300,000 fr.

Elle s'est jusqu'à présent administrée elle-même, sous la surveillance d'un agent de l'État, qui porte le nom de directeur et reçoit des appointements fixés sans courir aucune des chances de la gestion.

On s'occupe en ce moment à ramanier le comité du Théâtre-Français, qui a déjà été changé et remanié tant de fois. Puisse-t-on arriver enfin à une constitution définitive et trouver une combinaison satisfaisant à la fois les intérêts du public, les amours-propres des auteurs et ceux non moins susceptibles des comédiens ordinaires.

PRIX DES PLACES :

(1,500 places.)

INDICATION DES PLACES.	BUREAU.		LOCATION.	
Avant-scène du rez-de-chaussée (avec salon).............	» fr.	» c.	12 fr.	50 c.
Avant-scène du rez-de-chaussée (sans salon).............	8	»	10	»
Loges du rez-de-chaussée (1 et 2).....................	»	»	9	»
Loges de la galerie...........	6	60	9	»
Autres loges du rez-de-chaussée. Stalles de premier balcon......	6	60	8	»
Grandes premières loges de face. (Deuxième rang).....	6	»	8	»
Premières loges découvertes. (Deuxième rang)...........	5	»	7	»
Première galerie.............	5	»	6	»
Deuxième balcon..............	4	»	5	»
Stalles d'orchestre............. Orchestre, dit des musiciens...	5	»	7	»
Deuxièmes loges. (Troisième rang)...	3	50	5	»
Galerie des deuxièmes loges....	2	50	4	»
Troisièmes loges. (Quatrième rang).....................	2	»	3	»
Parterre	2	50	»	»
Seconde galerie..............	1	50	»	»
Amphithéâtre...............	1	»	»	»

LOCATION DES LOGES A L'ANNÉE.

INDICATION DES PLACES.	PLACES.	PRIX.
Avant-scène du rez-de-chaussée, à salon	4	18 000 f.
Autres loges du rez-de-chaussée.	4	10 080
	3	7 560
Loges de la galerie.	10	45 000
	8	36 000
	6	19 440
	5	16 200
	4	12 960
	3	9 720
	2	6 480
Premières de face	8	23 040
	6	17 280
	5	14 400
	4	11 520
Premières découvertes	6	12 960
	5	10 800
	3	6 480
Secondes loges	8	14 400
	6	10 800
	5	9 000
	4	7 200
	3	5 400

Observations. — Le prix de la location d'une loge pour six mois est la moitié du prix de la location pour un an. Le prix pour trois mois est le quart du prix pour l'année.

On peut également louer ces loges pour une fois tous

les deux, quatre, sept, huit, quinze ou seize jours. — S'adresser au bureau de location, où se trouve un tarif délivré *gratis*.

L'administration garantit 360 représentations pour un an, 180 pour six mois, et 90 pour trois mois. — L'abonnement cesse les jours de représentations à bénéfice.

PRIX DES ABONNEMENTS PERSONNELS.

Abonnement	pour six mois............	200 fr.
Id.	pour un an..............	300
Id.	pour années consécutives..	500
2 abonnements (ensemble)	pour l'année.	500

L'acquéreur aura droit, pour chaque première représentation des pièces nouvelles indistinctement, à une place réservée aux stalles, dont la jouissance lui appartiendra personnellement ; il n'en pourra disposer en faveur de qui que ce soit sous aucun prétexte.

En cas d'absence ou d'impossibilité de la part de l'acquéreur d'occuper la stalle qui lui serait destinée, elle fera retour à l'administration, qui en disposera.

VII. — THÉATRE DE L'OPÉRA-COMIQUE.

Qui croirait que l'Opéra-Comique, ce théâtre si universellement goûté aujourd'hui, placé sous les auspices de ce monde élégant et riche peuplant les salons de Paris, a eu pour berceau les anciens théâtres de la Foire, qui n'ont jamais assurément brillé, eux, par la distinction, le bon goût, aucun des attributs de la société régulière qui se targue de haute bienséance.

A défaut de beau langage, de beau style et de hautes

manières, le théâtre de la Foire possédait l'entrain, le mordant, l'à-propos, le mot pour rire, toutes choses toujours assurées de réussir en France.

Aux foires Saint-Laurent ou Saint-Germain, on ne voyait dans le principe que des sauteurs de corde, des saltimbanques, des montreurs d'ours et de ménageries.

Une troupe de comédiens ambulants eut l'idée, au XVIIe siècle, d'établir à l'une de ces foires une baraque dans laquelle elle donna de petites pièces dialoguées, mêlées de couplets. On appela ces pièces *opéras comiques,* sans soupçonner sans doute que ce mot-là dût prendre un jour une si grande extension ni servir à qualifier tout un genre des plus favorisés.

Le petit théâtre de la Foire eut l'heureuse chance d'exciter, presque dès son début, la jalousie des *Comédiens ordinaires du roi,* qui crurent voir en lui une concurrence et se mirent à le persécuter. Rien n'était mieux fait sans doute pour attirer sur lui l'attention du public et lui créer un commencement de vogue.

Toutefois, les comédiens des grands théâtres, usant de leur crédit et s'appuyant sur leur privilége, obtinrent que les acteurs du théâtre de la Foire seraient privés du droit de parler et réduits seulement au genre de la pantomime. Mais chacun sait tout ce qu'on peut exprimer rien qu'avec les gestes et les traits du visage, avec de l'intelligence et du véritable esprit. Il en est de certains genres restreints comme des parois d'une prison que les gens qui y sont enfermés parviennent tôt ou tard à percer, à force de ressources ingénieuses et d'infatigable persévérance.

Bientôt d'ailleurs s'ouvrit l'ère de la régence, époque de licence et de déchaînement de gaieté qui ne pouvait manquer de favoriser infiniment le genre que le théâtre de la Foire exploitait. On avait interdit aux acteurs forains de parler et de chanter : la mimique remplaça la parole dans leurs pièces, et, quant aux couplets, on descendait des frises des écriteaux sur lesquels on avait imprimé les paroles en gros caractères : l'orchestre jouait les airs; des gens du théâtre, placés parmi les spectateurs, chantaient les couplets que toute la salle répétait en chœur. Ainsi, bien loin d'avoir été éteint ou même paralysé par la pantomime, le théâtre de la Foire n'en était que plus animé, plus vivace; il semblait que le public lui vînt en aide, en raison même des obstacles qu'on lui suscitait.

Le théâtre de la Foire avait fini par adopter ce nom d'*opéra comique* ayant servi, dans le principe, à distinguer ses pièces et que le public avait pris l'habitude de lui donner. L'Académie royale de musique, une des plus acharnées persécutrices des comédiens forains, finit par comprendre qu'elle luttait non pas seulement contre un théâtre spécial, mais contre le goût d'un siècle, les inclinations d'une classe considérable de spectateurs ayant besoin quand même d'un théâtre sans façon, aux libres allures, rieur, grivois, qui fût comme la récréation et le contraste des scènes plus relevées. L'Académie de musique se décida donc à stipuler avec le théâtre de la Foire une redevance annuelle moyennant laquelle celui-ci aurait le droit de représenter de petites pièces mêlées de couplets, avec des ballets d'une dimension modeste.

Dès lors l'existence du théâtre de la Foire ou plutôt de l'Opéra Comique se trouva consacrée et même légalisée. On le vit prendre un essor considérable, s'adresser pour la confection de ses pièces à des auteurs d'un esprit et d'un mérite reconnus, tels que Piron, Lesage, Fuzelier, Dorneval, etc. C'était à qui parlerait de la Foire et se vanterait d'y aller chaque soir en loge grillée pour se distraire et souvent se pâmer de rire. Le succès devint tel, que les grands théâtres recommencèrent à jeter des cris d'alarme et unirent leur influence pour obtenir la suppression de cette scène, qui leur faisait une si rude concurrence.

La fermeture de l'Opéra-Comique ne pouvait être que momentanée, tout le monde regrettait ce vif et joyeux théâtre, devenu un besoin impérieux pour tout le monde. Les agents de l'autorité eux-mêmes qui avaient eu à exécuter cet arrêt, trop rigoureux sans doute, étaient les premiers à déplorer la suppression de cette scène, vrai centre de gaieté.

On vit donc bientôt l'Opéra-Comique se rouvrir, pour ainsi dire de lui-même, sous les auspices de Favart et de sa femme qui, grâce à la protection toute spéciale du maréchal de Saxe, purent prendre une direction si bien confiée à leurs mains intelligentes. Bientôt le couple Favart créa ce gracieux tableau, *la Chercheuse d'esprit,* que l'on a depuis souvent imité sous tant de formes diverses.

Il semblait que la *Chercheuse d'esprit*, à elle seule un genre complet de littérature naïve et villageoise, dût servir à tout jamais de bonne Fée à l'Opéra-Comique et le protéger contre toute espèce de renouvellement d'attaques et de persécutions. Mais les théâtres privilégiés n'étaient pas encore à bout de luttes et de poursuites. Ils obtinrent, en 1745, une nouvelle fermeture de l'Opéra-Comique, qui se prolongea jusqu'en 1752.

On vit alors l'Opéra-Comique élargir son cadre, incliner sensiblement vers la musique, adapter à ses couplets non plus seulement des motifs populaires, des ponts-neufs connus de tout le monde, mais des airs entièrement nouveaux, composés spécialement par des musiciens de profession. Les Duni, les Monsigny, les Philidor, s'attachèrent à la fortune de l'Opéra-Comique et le dotèrent d'un grand nombre de ces charmants ouvrages dont les souvenirs et même les motifs ne sont pas entièrement perdus aujourd'hui.

Les Italiens, qui avaient eu la vogue pendant un certain temps, se voyant presque entièrement abandonnés du public, demandèrent à être incorporés à la troupe de l'Opéra-Comique. Les deux troupes n'en firent plus qu'une seule et prirent possession du théâtre de l'hôtel du duc de Bourgogne. Grétry était alors dans tout le développement de sa renommée et de son talent si plein de vérité et d'expression. On vit se succéder, à de très-courts intervalles, *Zémire et Azor*, le *Tableau parlant*, la *Fausse Magie*, *Sylvain*, *Richard Cœur-de-Lion*, etc. Il semblait que la nature eût créé tout exprès le génie de Grétry pour prouver que l'Opéra-Comique était, par lui-même, un genre tout à fait individuel, profondément conforme aux goûts du public français, qu'on ne pouvait supprimer désormais sans toucher à une des branches les plus délicates et les plus vives de l'art et du théâtre.

En 1783, l'Opéra-Comique prit possession de la salle Feydeau, où beaucoup de personnes de notre génération se souviennent de l'avoir vu.

Il a passé, vers 1830, dans la belle salle Ventadour, qui avait été construite pour lui spécialement et qui ne lui a pas valu de très-heureuses destinées. Après avoir occupé pendant quelque temps la salle de la place de la Bourse, où se trouve aujourd'hui le Vaudeville, il s'est

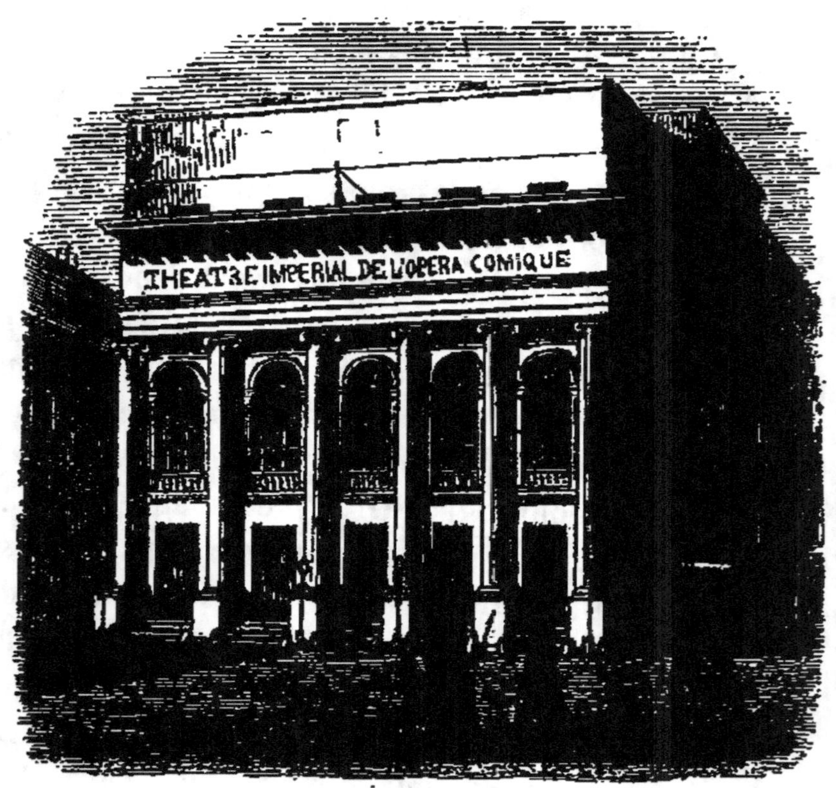

Théâtre de l'Opéra-Comique.

enfin établi dans la salle qu'il occupe à présent sur la place des Italiens.

Nous aurions un catalogue beaucoup trop long à dresser, s'il nous fallait transcrire ici les titres de toutes les pièces qui ont été pour l'Opéra-Comique des succès de vogue. Il nous suffit de rappeler les noms de Grétry, Monsigny, Dalayrac, Nicolo, Della Maria, Cherubini, Mehul, Berton, Boïeldieu, Aubert, Hérold, Halévy, Adolphe Adam, Grisar, Reber, et en dernier lieu l'illustre auteur de *Robert le Diable* et des *Huguenots*, qui est venu, avec son *Étoile du Nord*, chercher une dernière consécration sur cette scène populaire. En fait de compositeurs de poëmes, nous citerons Marmontel, Sédaine, Hoffmann, Étienne, Scribe, etc. Ces noms-là retracent les souvenirs d'une multitude de pièces consacrées par de si éclatants triomphes, qu'on a pu les reprendre souvent au bout de cinquante ou soixante ans d'abandon, et leur voir retrouver auprès d'une génération nouvelle le même accueil de faveur et d'enthousiasme que leur avait fait la génération précédente.

On a dit que l'opéra comique était le genre le plus réellement français, celui qui s'accordait le mieux avec nos goûts et notre manière courante d'apprécier et d'aimer les arts. Rien n'est plus vrai; et pour s'en convaincre il ne faut que considérer les destinées de certaines pièces, celles de la *Dame Blanche*, entre autres, dont le succès semble inépuisable et se rajeunit à chaque reprise.

Il est certain que le genre de l'opéra comique, qui est moitié théâtre et moitié musique, qui offre un mélange de dialogue enjoué et de mélodies heureuses et faciles, semble créé exprès pour occuper et bercer agréablement ces spectateurs si nombreux qui viennent chercher dans un spectacle non pas une étude, mais une distraction, un passe-temps. L'opéra comique remplit admirablement ce but-là : il offre tout juste ce qu'il faut de musique, de littérature et de comédie pour charmer sans fatigue les heures de la soirée. Sa mission est si bien marquée que chaque fois qu'il a voulu sortir de son cadre, faire, comme on l'a essayé de notre temps, certaines excursions sur le terrain du grand drame ou du grand opéra, il a éprouvé presque toujours un refroidissement marqué de la part de son public ordinaire. On lui a fait entendre nettement qu'on ne venait pas à lui pour ouïr de grands effets de chant, d'orchestre ou de voix. Il ne lui a fallu rien moins qu'une bonne et franche reprise des *Rendez-vous Bourgeois* pour lui faire pardonner des pièces dans le genre du *Carillonneur de Bruges*, qui ne tendraient à rien moins qu'à dénaturer ce lot précieux de la simplicité, de la grâce et de la gaieté musicale dont il a le monopole exclusif.

On doit dire aussi que l'Opéra-Comique a toujours eu le bonheur d'avoir pour desservants des acteurs remplis de talent, créés et perpétués à l'image du genre lui-même.

Sans remonter plus haut que Martin et Elleviou, dont les noms ont été si bien conservés dans les souvenirs de tous les amateurs de théâtre, on reconnaîtra qu'une scène qui a le bonheur d'avoir pour principaux interprètes deux artistes hors ligne considérés, l'un comme le modèle des comédiens, et l'autre comme le type du chanteur gracieux, est toujours sûr de faire fortune et de s'établir dans les goûts du public sur des bases de succès à peu près inébranlables.

Il faut joindre aux noms de Martin et d'Elleviou ceux des Laruette, des Trial, des Dugazon, des Saint-Aubin, des Duret, des Gavaudan et de tant d'autres qui ont fait des types scéniques, des emplois de fondation de certains rôles qu'ils ont remplis d'origine.

Nous avons eu de notre temps Ponchard, qui a su faire goûter si longtemps son jeu facile et sa bonne méthode; Chollet, le digne successeur de Martin, doué d'une belle voix si pure et si sonore; madame Damoreau, ayant su obtenir à l'Opéra-Comique, dans les gracieuses compositions d'Auber, des succès populaires qu'elle n'eût jamais rencontrées, peut-être, sur la scène de l'Opéra; madame Boulanger, cette comédienne si pleine de verve et d'entrain scénique; Roger, qui n'a pas retrouvé dans un autre cadre ces sympathies si vives qui l'accueillaient dans *la Sirène, Haïdée,* et dans ses autres créations.

Parmi les artistes d'à présent, on doit citer en première ligne madame Ugalde, une des cantatrices les plus étonnantes que l'on ait vues, si bien possédée de ce *diable au corps* que Voltaire exigeait impérieusement chez une femme de théâtre; mademoiselle Miolan, charmante artiste qui, sans avoir l'éclat et le brillant de madame Ugalde, a de plus qu'elle une pureté d'exécution qui finit

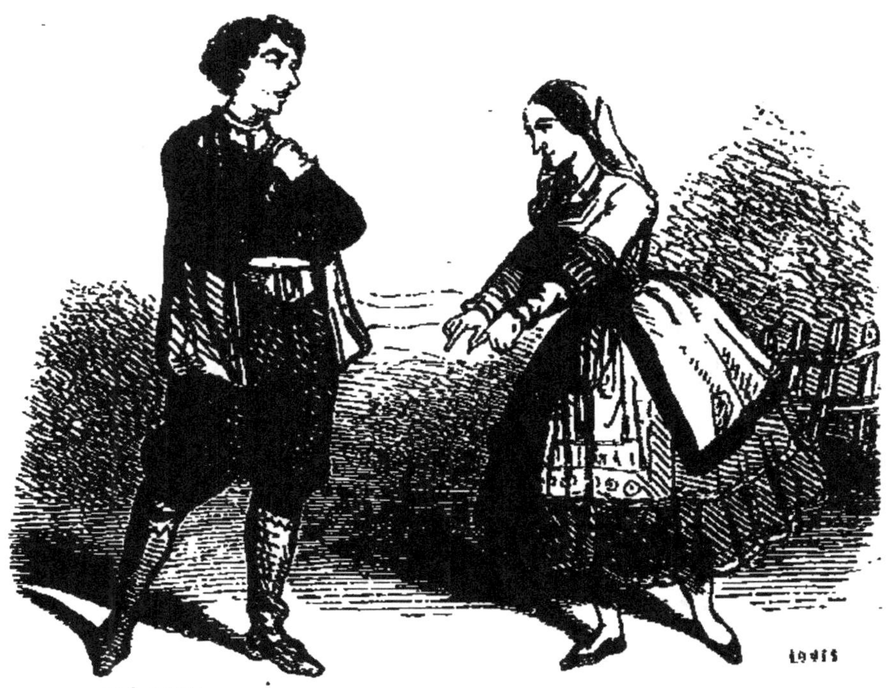

Battaille et Mlle Duprez dans *l'Étoile du Nord.*

par émouvoir à force de simplicité et de grâce; mademoiselle Duprez, digne élève de son père, qui s'est placée au premier rang dès son début dans *l'Étoile du Nord;* puis Battaille, bon chanteur, comédien distingué, péchant souvent par un peu d'affectation; Bussine, qui possède une merveilleuse voix de baryton, sans beaucoup d'animation ni de chaleur; Sainte-Foix, l'acteur comique et gai par excellence; Ricquier, autre comique inimitable dans son genre; mademoiselle Lemercier, jouant les rôles de soubrette avec tant de franchise; et beaucoup d'autres artistes de talent complétant l'ensemble d'une toupe qui a été et qui reste encore à présent une des plus parfaites que l'on puisse citer.

Si l'Opéra-Comique venait jamais à s'affaiblir et à perdre de sa vogue, ce ne serait pas faute de comédiens, ce serait plutôt faute de compositeurs; ils ne sont plus, il faut bien le dire, ce qu'ils étaient autrefois. On cherche vainement dans les œuvres du répertoire moderne ces veines originales et franches qui ont inspiré *l'Irato, Une Folie, Picaros et Diego, les Rendez-vous bourgeois,* les productions de Boïeldieu et celles du bon temps d'Auber.

Nos jeunes musiciens actuels sont, en général, savants, habiles, parfaitement au fait des ressources de l'orchestre et des voix, imbus de toutes les traditions et des détails de l'école; mais on leur reproche, non sans raison, leur goût pour la vétusté, le pastiche italien, la réminiscence; on leur souhaiterait moins d'expérience précoce et plus d'expression, de spontanéité, d'invention réelle dans le choix des mélodies.

Du reste, ce n'est là sans doute qu'une lacune temporaire; l'opéra comique est un genre trop vivace et trop fertile pour ne pas se renouveler et se perpétuer par lui-même. Tous les arts, tous les théâtres ont leurs temps de repos et de chômage, et c'est bien souvent lorsqu'on les croit près d'une décadence qu'apparaît un de ces génies imprévus, originaux, qui s'empare du trône vacant et ramène de vive force le public qu'on avait vu s'éloigner.

Le théâtre de l'Opéra-Comique est cité pour son élégance, l'heureuse disposition du bâtiment, qui se trouve adossé à la partie du boulevard la plus passagère, et placé entre deux rues latérales servant de dégagements.

La colonnade extérieure est simple, légère, parfaitement adaptée au style de l'édifice.

La décoration intérieure est on ne peut plus recherchée, pleine d'éclat et de goût. Le foyer représente un salon très-riche, resplendissant de peintures et de dorures.

C'est à la salle de l'Opéra-Comique que l'on a appliqué pour la première fois l'heureux système des loges dites *à salon*. On a imaginé de placer derrière certaines loges de petits réduits mystérieusement éclairés, tapissés, garnis de meubles confortables formant, pour les personnes qui occupent ces loges, des foyers intimes et particuliers où elles peuvent se reposer et converser pendant les entr'actes.

On alloue au théâtre de l'Opéra-Comique une subvention annuelle de 240,000 francs.

PRIX DES PLACES :

INDICATION DES PLACES.	BUREAU.		LOCATION.	
Avant-scènes des baignoires......				
Avant-scènes des balcons.........	7 fr.	» c.	9 fr.	» c.
Loges de la première galerie de face, avec salons..................				
Avant-scènes des loges de la première galerie.................				
Loges de la première galerie de face, sans salons..................	6	»	8	»
Premières loges de face, avec salons.				
Fauteuils de balcon..............	6	50	8	»
Fauteuils de la première galerie....	6	»	7	50
Fauteuils d'orchestre............	6	»	7	»
Loges de la première galerie de côté.				
Avant-scènes des premières loges...	5	»	6	50
Premières loges de face, sans salons.	6	»	7	»
Premières loges de côté, avec salons.	5	»	6	50
Baignoires......................				
Premières loges de côté, sans salons.	4	»	5	»
Avant-scènes des loges de la deuxième galerie..............	3	»	4	»
Parterre........................	2	50	»	»
Seconde galerie.................	2	50	»	»
Loges de la seconde galerie de face.	2	»	3	»
Deuxièmes.......................	1	50	2	»
Loges de la deuxième galerie de côté.	1	50	2	50
Amphithéâtre....................	1	»	»	»

LOCATION DES LOGES A L'ANNÉE, OU POUR SIX MOIS CONSÉCUTIFS.

INDICATION DES PLACES.	A L'ANNÉE. Nombre de places.	A L'ANNÉE. Prix.	POUR SIX MOIS CONSÉCUTIFS. Nombre de places.	POUR SIX MOIS CONSÉCUTIFS. Prix.
Loges de la galerie, avec salons. Premières loges, avec salons. Avant-scènes de baignoires. Avant-scènes d'entresol et de première galerie..	10	20 000 f.	10	10 738 f.
	8	9 242	8	6 358
	7	8 700	7	5 867
	6	7 800	6	5 200
	5	6 550	5	4 552
	4	5 780	4	3 757
Fauteuils de balcon, loges de la galerie, sans salons. Premières loges de face, sans salons.......	8	7 616	8	5 236
	7	7 164	7	4 832
	6	6 426	6	4 284
	5	6 712	5	3 750
	4	4 760	4	3 094
	3	3 927	3	2 500
	1	1 190	1	892
Avant-scènes des premières loges. Baignoires. Fauteuils d'orchestre ou de première galerie.....	8	6 528	8	4 488
	7	6 140	7	4 142
	6	5 508	6	3 672
	5	4 896	5	3 213
	4	4 080	4	2 652
	3	3 672	3	2 142
	1	1 020	1	765
Premières loges de côté. Avant-scènes des loges de la deuxième galerie,	6	4 590	6	3 060
	5	4 080	5	2 678
	4	3 400	4	2 210
Loges de la deuxième galerie de face. Avant-scènes des troisièmes loges....	6	2 754	6	1 836
	5	2 448	5	1 607
	4	2 000	4	1 326
Entrées personnelles.....	1	300	1	200

Observations. — Sauf la jouissance des loges avec salon, le droit d'entrée personnelle s'exerce à toutes les places non louées. Le droit d'abonnement est suspendu les jours de représentations à bénéfice et extraordinaires. L'administration n'en garantit pas moins 340 représentations par an, et 170 pour six mois.

VIII. — THÉATRE DE L'ODÉON.

Ce qui prouve bien que le théâtre de l'Odéon est un théâtre vivant, nécessaire, qu'il a un public à lui, non pas de quartier seulement, mais se recrutant partout où se forment et se prennent tous les vrais publics attirés par les pièces à succès, c'est qu'il a su résister aux plaisanteries sans nombre qui l'ont poursuivi si longtemps à propos de son éloignement, de ses destinées souvent précaires, des mauvaises fortunes qu'il a eu à subir, de ses recettes qui ont été trop souvent négatives ou problématiques, etc., etc. Toutes ces plaisanteries-là ont fini par s'user, l'Odéon est resté.

Nous avons déjà vu précédemment qu'on avait décidé, en 1773, qu'une salle nouvelle serait bâtie sur l'emplacement de l'ancien hôtel Condé, pour la Comédie Française, qui donnait ses représentations sur le théâtre des *machines*, aux Tuileries. C'est sur ce théâtre qu'a eu lieu la fameuse apothéose de Voltaire, à propos de la représentation d'*Irène*, qui contribua malheureusement à hâter les derniers moments du poëte.

Les travaux commencés sous Louis XV avec lenteur furent poursuivis activement sous le règne de Louis XVI. Ce fut en 1782 que la salle de l'hôtel de Condé s'ouvrit pour donner asile aux Comédiens français, qui en eurent la possession jusqu'en 1793, l'époque terrible où l'on se vit dans la nécessité de fermer la salle et d'emprisonner quelques-uns des Comédiens accusés de conspiration.

Le théâtre rouvrit en 1797 et prit le nom d'Odéon, conformément aux modes grecques et aux goûts d'archaïsme qui régnaient alors. Picard et mademoiselle Raucourt dirigèrent conjointement l'Odéon, l'un à la tête d'une troupe de comédie et l'autre d'une troupe d'acteurs tragiques.

Lorsque les trois troupes de Comédiens français disséminées sur divers points furent réunies dans la salle de la rue Richelieu, d'après un arrêté du premier consul, Picard resta seul directeur de l'Odéon avec la troupe qu'il avait amenée de province. L'incendie qui consuma la salle en 1799 l'obligea à suspendre le cours de ses représentations.

Grâce au nom qu'il s'était déjà fait comme acteur dramatique, Picard obtint l'autorisation de transporter ses acteurs et son répertoire dans les salles de la Cité, de Louvois et de Feydeau. La salle de l'Odéon ayant été rebâtie en 1804, Picard en reprit possession et donna pendant cette période ses meilleures pièces. Si les comédies de Picard ne brillent pas précisément par l'originalité des conceptions, l'élévation du style et des détails, elles possèdent d'incontestables qualités de naturel, d'entrain et de bonne observation bourgeoise qui suffisent pour justifier la vogue dont elles ont joui autrefois.

Après Picard, Alexandre Duval prit la direction de l'Odéon, qu'il conserva jusqu'en 1815. Alexandre Duval est aujourd'hui encore plus oublié que Picard. Il a cependant composé une jolie comédie en un acte, les *Héritiers;* mais on a écrit depuis ce temps-là tant de jolies pièces en un acte, fines, spirituelles, ingénieusement tournées, qu'il est tout naturel qu'on ait à peine conservé le titre de celle-ci.

Alexandre Duval abdiqua la direction de l'Odéon entre les mains de Picard, qui en reprit possession, et convenait mieux, du reste, que son collègue, l'auteur du *Tyran domestique*, à de pareilles fonctions, à cause de la facilité de son humeur et de son caractère naturellement ouvert et bienveillant. Un second incendie vint, en 1817, détruire encore la salle de l'Odéon, qui semblait vouée à une sorte de fatalité.

Elle fut reconstruite et rouverte en 1819. L'Odéon obtint bientôt l'autorisation de s'appeler *Second Théâtre-Français*. On ne voit pas que cet autre titre lui ait valu une situation bien brillante. La population parisienne commençait à déserter la rive gauche pour se fixer de préférence sur la rive droite, où l'appelaient les nouveaux et somptueux quartiers de la Madeleine, de la Chaussée-d'Antin, des Champs-Élysées, des boulevards. Le Second Théâtre-Français ne pouvait manquer de perdre beaucoup à ce déplacement de population.

Dans la période de 1820 à 1830, on ne peut guère citer de moment véritablement florissant que celui où l'un des directeurs de l'Odéon, un peu à bout de ressources, eut l'heureuse idée de représenter des opéras étrangers traduits en français. On a dû à cette innovation de voir se populariser en France un des chefs-d'œuvre de Weber, *Robin des Bois*, qui attira la foule à l'Odéon et produisit une longue suite de représentations fructueuses.

En rappelant les succès de cette période, on ne saurait

oublier que c'est sur cette même scène de l'Odéon que Casimir Delavigne a donné ses premiers ouvrages, les *Vêpres Siciliennes*, les *Comédiens*, le *Paria*. Quelques comédies de MM. Merville et d'Épagny ont paru vers la même époque avec un certain honneur. Nous devons rappeler aussi les bonnes et franches comédies de Waflard et Fulgence, les *Deux Ménages*, le *Célibataire et l'Homme marié*, surtout le *Voyage à Dieppe*, excellente bouffonnerie, pleine de sel et de verve, qu'on est surpris de ne pas voir figurer dans le répertoire du Théâtre-Français.

Plusieurs acteurs qui ont brillé ou qui brillent encore aujourd'hui aux premiers rangs dans la troupe de la Comédie-Française ont fait leurs premières armes à l'Odéon. On a longtemps applaudi sur cette scène Samson, Firmin, Périer, Joanny, Ligier, Provost, Beauvallet, Duparai, mesdemoiselles Anaïs, George, etc.

Cependant l'ère littéraire de 1830, que l'on a surnommée la grande ère romantique, allait bientôt ouvrir à l'Odéon un champ nouveau et le forcer à prendre parti pour l'une ou l'autre des deux écoles qui promenaient fièrement leurs drapeaux dans la lice, et se partageaient les journaux, les livres et les théâtres.

L'Odéon était alors dirigé par un homme dont on a beaucoup parlé, parce qu'il avait à coup sûr un grand fonds de cet esprit de coulisses dont il ne faut pas toutefois exagérer la portée. Il a inventé ce genre de directeur excentrique, audacieux, qui s'est plus d'une fois reproduit depuis Gascon, railleur jusqu'à se moquer de lui-même et de son entreprise, ce directeur à part s'appelait Harel : il avait cela de bon du moins, qu'il était plutôt encore un artiste poursuivant certaines idées, certaines utopies, à l'aide du théâtre, qu'un spéculateur de profession, un homme d'argent visant avant tout aux recettes.

Harel aimait l'art d'une certaine façon, surtout à cause des mille bruits, des mille scandales, des perpétuelles agitations qu'il engendre.

Il n'hésita pas à ouvrir à l'école romantique les portes du théâtre de l'Odéon à deux battants. Certains drames y furent de véritables événements, entre autres la *Christine à Fontainebleau*, de M. Alexandre Dumas, une des plus fortes productions de l'auteur, qui offrit malgré les longueurs et les incohérences un grand nombre de qualités brillantes et de beautés toutes neuves. Le parterre de l'Odéon, soumis comme celui du Théâtre-Français à l'influence des luttes littéraires, devenait souvent un champ clos véritable où les classiques et les romantiques s'interpellaient à haute voix à propos d'un vers ou d'une situation, et en venaient même souvent à des échanges de coups.

On vit représenter à cette époque-là au théâtre de l'Odéon le drame remarquable de M. Alfred de Vigny, la *Maréchale d'Ancre*. M. Alfred de Musset essaya sur cette même scène son premier proverbe, *Une Nuit vénitienne*, que l'on accueillit trop froidement pour que l'auteur crût devoir risquer une autre tentative. Il fallut de longues années pour qu'il retrouvât au Théâtre-Français les succès qui attendaient ses jolies comédies-proverbes, les modèles d'un genre qui a tant de peine à être vraiment un genre scénique.

Au milieu du mouvement romantique se déployant en toute liberté sur le second Théâtre-Français et enfantant chaque jour de nouveaux drames, dont il n'était pas toujours facile d'apprécier le sort réel au point de vue de la recette ou même du simple succès, on vit paraître une pièce très-distinguée, la *Mère et la Fille*, qui n'était au fond ni classique, ni romantique, mais tout simplement un bon et vrai drame, très-intéressant, auquel il ne manquait qu'une certaine élévation de langage et de forme pour rester parmi les productions d'élite.

Ce fut alors surtout que l'on put apprécier tout ce que valait l'excellente troupe qu'Harel avait eu le talent de grouper, et qui eût sans doute sauvé l'Odéon, si l'Odéon d'alors avait pu être sauvé.

On remarquait dans cette troupe Frédérick Lemaître, le premier comédien de notre temps sans contredit, l'artiste le plus souple, le plus expressif, le plus réellement passionné que le public français ait jamais eu l'occasion d'applaudir ; mademoiselle George, belle actrice entourée d'une auréole populaire qui datait de loin déjà, et possédant à un haut degré la force, le mouvement, à défaut du charme et de la sensibilité; Lockroy, véritable artiste incisif, émouvant, exprimant à merveille, malgré certains défauts de tenue et de diction, les bouleversements et les passions furieuses du drame moderne; Ferville, très-bon acteur, plein de naturel et de vérité, enlevé récemment à la troupe du Gymnase, dont il était un des ornements; madame Moreau-Sainti, alors jeune, belle, douée d'un talent de comédie juste et fin qui devait plus tard se produire avec un certain éclat dans le drame.

On pourrait joindre à cette liste les noms de plusieurs autres artistes distingués qui composaient un ensemble des plus remarquables. On voyait figurer dans cette troupe Duparrai, passé depuis à la Comédie-Française, sur la fin de ses jours, pour créer d'une façon si originale le rôle de *Raton*, dans *Bertrand et Raton* de

M. Scribe : Duparrai, la plus excellente tête de vieux père noble, la plus naïve, la plus convaincue que l'on pût imaginer.

Malgré l'attrait d'une troupe vraiment supérieure, d'un répertoire sans cesse renouvelé, composé des éléments littéraires les plus vifs et les plus actuels, la salle de l'Odéon restait presque constamment vide, à la sixième ou septième représentation de chaque drame. Les émotions, les tempêtes des premières représentations une fois apaisées, on ne voyait plus dans l'intérieur que quelques spectateurs éparpillés sur les banquettes, attirés par un sentiment de curiosité ou de dévouement littéraire. Ces curieux étaient beaucoup trop peu nombreux, dans tous les cas, pour pouvoir constituer un véritable public.

Harel, de guerre lasse, fut obligé d'abandonner la scène ingrate de l'Odéon, et d'émigrer avec sa troupe à la Porte-Saint-Martin, où l'attendaient de nouveaux succès, de nouveaux événements littéraires et dramatiques, mais non pas, hélas ! la fortune, qui semble fuir obstinément le char de certains hommes d'esprit dont le tort est souvent de vouloir la plier de vive force au joug de leurs idées et de leurs systèmes.

Après l'émigration d'Harel, l'Odéon tomba dans une période funeste de dépérissement et d'abandon. On jugea ce théâtre impossible, puisque rien n'avait pu le vivifier, ni les productions des Dumas, des Soulié, des de Vigny, ni le talent des Frédérick, des Lockroy, des George, ni l'habileté incontestable d'Harel, qui possédait toutes les qualités hardies du casse-cou dramatique, presque indispensables chez un directeur de l'ancien Odéon.

Pour prouver que ce théâtre pouvait sinon prospérer, du moins exister, attirer chaque soir un public plein de curiosité et de bon vouloir, il ne fallut rien moins que la direction de M. Lireux, homme d'un véritable esprit, qui a fait ses preuves dans le journalisme en fait de verve malicieuse et d'entrain de bon aloi.

M. Lireux comprit, avec son intelligence vive, qu'il fallait à tout prix galvaniser l'Odéon. Il déploya des efforts prodigieux d'activité, il renouvela sans cesse l'affiche, donna quelquefois jusqu'à quinze et dix-huit actes par soirée, fit des premières représentations non pas un accident, mais une habitude qui se répétait souvent deux ou trois fois par semaine, presque une nécessité inhérente au tempérament du théâtre.

On dut à M. Lireux de voir paraître sur la scène des noms jusqu'alors restés en dehors du théâtre, faute, sans doute, d'appels suffisamment encourageants de la part des directeurs. C'est sous sa direction que le public a eu l'occasion d'applaudir *Lucrèce*, qui fut la première révélation du talent de M. Ponsard; la *Ciguë*, de M. Émile Augier; le *Voyage à Pontoise*, amusante comédie de genre, de MM. Alphonse Royer et Gustave Vaez; les deux fines et très-spirituelles pièces de M. de Belloy, *Karel Dujardin* et *Pythias et Damon*.

M. Lireux, malgré tous ses efforts d'activité, ses tentatives dans tous les sens, succomba, comme tant d'autres, dans sa lutte contre l'Odéon. Cependant, de l'avis de tout le monde, il était très-désirable, nécessaire même qu'il existât dans le centre des écoles un théâtre exclusivement consacré aux intérêts de la littérature, qui servît à la fois de pépinière et de succursale à la Comédie Française, et de prélude, ou si l'on veut, d'antichambre et de purgatoire aux écrivains dramatiques.

On finit par mettre le doigt sur la plaie et par reconnaître que si l'on voulait faire vivre l'Odéon, le seul moyen était de lui appliquer ce grand remède de la subvention dont on usait largement à l'égard d'autres scènes placées dans des conditions infiniment plus avantageuses.

On alloua donc au théâtre de l'Odéon une subvention de 100,000 francs. Dès lors, les choses changèrent entièrement de face; on vit circuler la prospérité et la vie dans les veines de ce théâtre passé depuis longtemps à l'état de cadavre abandonné de tous les entrepreneurs.

Cette subvention tomba, pour la première fois, dans les mains de M. Bocage, artiste distingué, homme habile, très-éclairé dans les choses de théâtre et de spéculation, qui venait de prendre la direction de l'Odéon et d'inaugurer son nouveau règne par trois succès: *François le Champi*, œuvre très-intéressante de George Sand; le drame si remarquable de M. Léon Gozlan, *la Main droite et la Main gauche*, enfin *les Ressources de Quinola*, de Balzac.

M. Bocage réalisa une fortune à l'Odéon, ce qui ne s'était pas vu depuis fort longtemps. Outre l'avantage de la subvention, que l'on peut, dit-on, économiser presque tout entière avec des idées d'ordre et d'entente qui ne sont pas toujours précisément des idées d'art ni de dévouement à la littérature, on avait autorisé le théâtre à fermer pendant trois mois de l'année et à éviter la lutte avec les trois terribles mois de chaleur si préjudiciables à la plupart des administrations dramatiques. L'Odéon, dans ces nouvelles conditions, ne pouvait manquer de prospérer et de jouer un jeu à peu près sûr.

L'ère de succès et de belles recettes ouverte par M. Bocage se continua sous M. Altaroche, qui sut faire preuve, dans sa direction, d'une grande habileté. C'est à lui que l'on dut de voir paraître sur la scène la comédie de M. Ponsard, *l'Honneur et l'Argent*, injustement repoussée par le Théâtre-Français. Tout le monde sait que le succès de *l'Honneur et l'Argent* a été un des plus grands, un des plus unanimes que l'on ait eus à enregistrer depuis bien longtemps. Il est constant que si l'Odéon n'eût pas existé, cette comédie, si distinguée, était destinée à rester ensevelie tristement au fond du portefeuille de l'auteur.

Le théâtre de l'Odéon a toutes les proportions d'un édifice imposant et grandiose que son titre semble nécessiter.

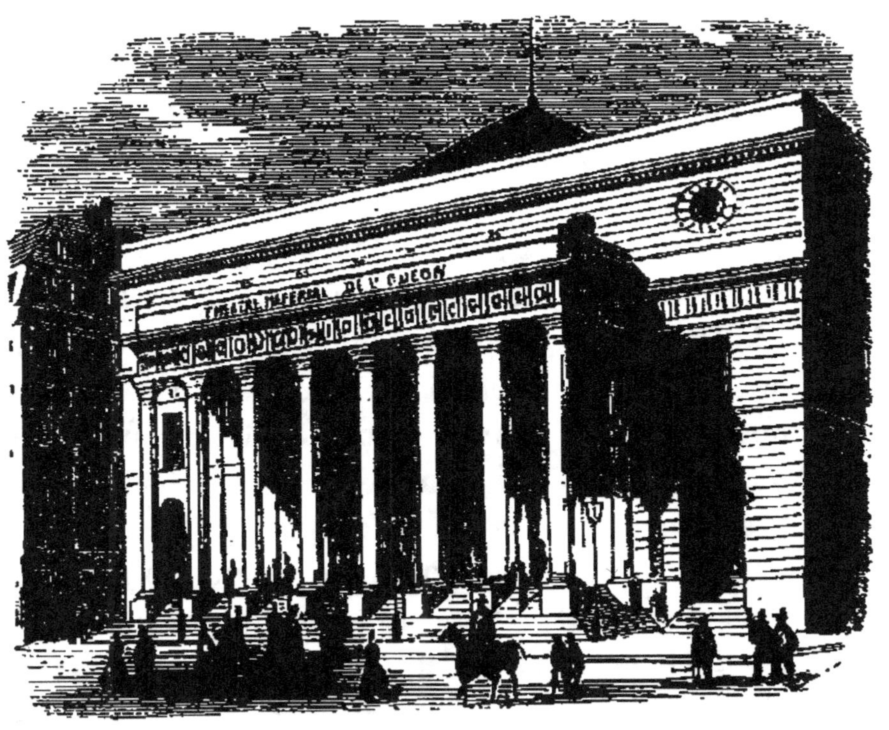

Odéon.

Sans être précisément construit sur le modèle de l'Odéon antique que l'on dut à Périclès, il affecte dans les détails et l'ensemble la forme et l'aspect des temples grecs. Le péristyle est formé par une colonnade très-élevée et néanmoins un peu lourde. Une galerie circulaire garnie de boutiques a été disposée autour du théâtre et permet aux spectateurs de se promener à couvert, pendant les entr'actes, les jours de pluie.

L'intérieur de la salle de l'Odéon a quelque chose de spacieux et de monumental qui répond à ce que l'extérieur semble annoncer. Deux escaliers pareils à des escaliers de palais conduisent au foyer, espèce de portique en pierre, garni de colonnes, assez semblable aux fameux et classiques péristyles des anciennes tragédies. La décoration des loges et des galeries est simple, conforme à la destination du théâtre, qui vit surtout, comme la Comédie-Française, d'observation, de littérature et de style, et non pas d'accessoires élégants et inutiles, ni d'éclat extérieur.

M. Alphonse Royer, déjà connu et apprécié du public par de nombreux succès obtenus au théâtre et dans le roman, a pris, en 1853, la direction de l'Odéon. Son administration ne peut manquer d'être aussi prospère que celle de ses devanciers, si on en juge par l'accueil que le public a fait au drame de M. Alexandre Dumas, *la Conscience*. S'il est vrai que cette pièce ne brille pas précisément par l'unité et l'originalité de la conception, on ne peut méconnaître qu'elle contient plusieurs situations saisissantes, faites pour passionner un certain nombre de spectateurs qui veulent, avant tout, qu'on les captive et qu'on les intéresse au théâtre, sans trop s'inquiéter du choix des moyens ni des ressorts.

On doit citer en tête de la troupe actuelle de l'Odéon, Laferrière et Tisserant, deux artistes également distingués et remarquables, qui possèdent un genre de talent tout opposé, fait pour produire des effets de contraste très-favorables dans le cadre d'une même pièce.

Laferrière brille surtout par les qualités extérieures,

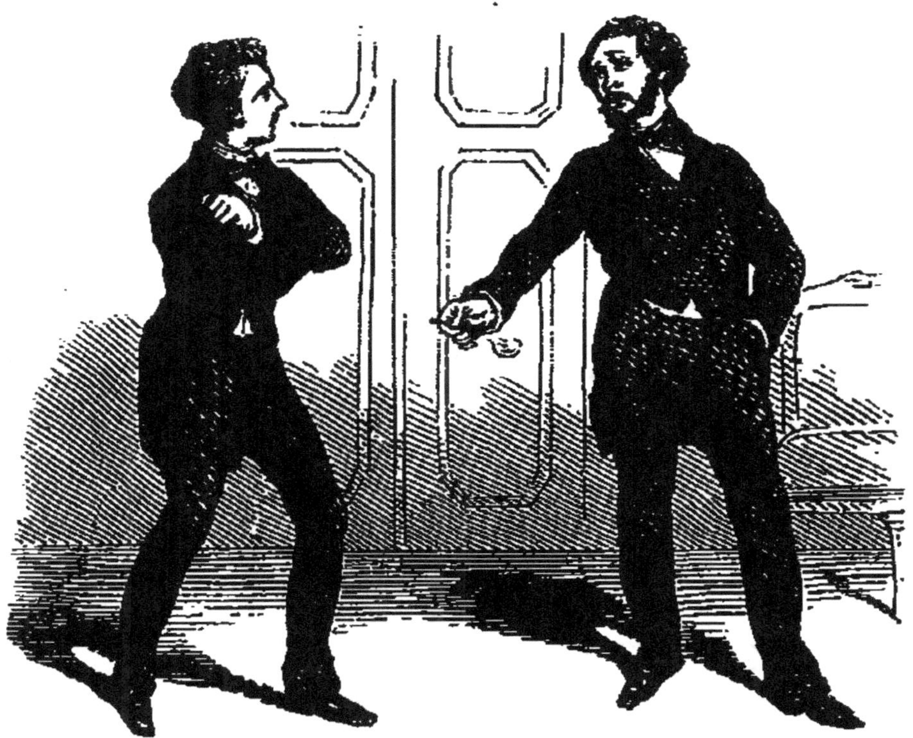

Laferrière et Tisserant dans l'*Honneur et l'Argent*.

il a pour lui le masque, le geste, l'ardeur du jeu qui tient sans cesse le public en haleine, sans jamais pénétrer bien avant : il possède ce don si rare d'être en communication avec le public, et de l'électriser par des effets qui sans être toujours d'un goût très-recherché, ne laissent pas d'être puissants et sûrs.

Tisserant est, au contraire, un artiste de réflexion et d'étude : nul n'est plus habile que lui à composer son rôle, à en mettre en relief toutes les parties. Il n'a manqué à cet artiste, si vraiment digne de ce nom, qu'un masque plus favorable, un organe plus étendu pour être, dès à présent, à la tête des comédiens actuels. Le travail et l'intelligence suppléent, il est vrai, à tout chez certaines organisations. On sait ce qu'on a pardonné en faveur de ces deux qualités à Monvel, organe sec et caverneux s'il en fut; à Fleury, qui succédait au gracieux Molé avec un visage grêlé, anguleux, sans aucun charme extérieur. Le chemin que Tisserant a fait depuis qu'il a quitté le théâtre du Gymnase, les progrès qu'il accomplit tous les jours, prouvent qu'il n'a pas encore dit son dernier mot et qu'il mérite d'être considéré, dès à présent, comme une ressource des plus précieuses pour certains grands emplois de la comédie.

L'Odéon est situé sur la place de ce nom, onzième arrondissement, quartier du Luxembourg et de l'École-de-Médecine.

PRIX DES PLACES :

	fr.	c.
Avant-scènes du rez-de-chaussée..........	5	»
Premières loges fermées..................	4	»
Premières loges découvertes, balcon et pourtour........................	3	»
Stalles de la première galerie et de l'orchestre, avant-scènes du second rang...........	2	50
Secondes loges fermées..................	2	»
Seconde galerie.........................	1	50
Parterre et stalles des troisièmes..........	1	»
Amphithéâtre des troisièmes..............		75
Amphithéâtre des quatrièmes..............		50

Le prix des places en location est d'un cinquième en sus.

IX. — THÉATRE ITALIEN.

Si l'on veut remonter jusqu'à la première époque de l'introduction des acteurs italiens en France, il faut se reporter aux guerres d'Italie du XVIe siècle, où l'on vit arriver à la suite de nos armées des troupes de baladins, de sauteurs napolitains, florentins, bolonais ou bergamasques, qui vinrent nous offrir les masques et les types curieux de leurs bouffonneries inconnues jusqu'alors au public français.

Sous le règne de Louis XIV, on vit figurer dans les ballets, les fêtes et les divertissements de la cour, un certain nombre d'Italiens attirés par Lulli, qui jouait lui-même, comme on sait, la farce dans la perfection, et remplit, dans *le Bourgeois gentilhomme*, le personnage grotesque du *Mufti*.

Ce ne fut guère qu'au milieu du XVIIIe siècle que s'établit à Paris une scène exclusivement italienne. Nous avons vu précédement que les *Bouffons* (c'était le nom que l'on donnait autrefois aux acteurs italiens) eurent à lutter contre la concurrence très-redoutable de l'Opéra-Comique, alors en pleine faveur et voyant chaque jour grossir son public.

La première troupe italienne qui se fit entendre devant les spectateurs français était au-dessous du médiocre, au témoignage même des contemporains, qui certes étaient loin d'avoir les exigences et les raffinements des dilettanti de nos jours.

Cette troupe donna, pour sa pièce de début, une charmante production, la *Serva Padrona*, de Pergolèse, ce compositeur enlevé si jeune au culte d'un art qu'il a enrichi de son magnifique *Stabat.*

On représenta presque en même temps quelques ouvrages de Duni, qui devait s'attacher à la fortune de l'Opéra-Comique et le doter de plusieurs de ses jolies pièces : *les Deux Chasseurs et la Laitière, les Moissonneurs, la Fée Urgèle,* etc.

Ces premiers chanteurs italiens réussirent donc assez mal : le public proprement dit leur fit le plus froid accueil, et ne tarda pas à les abandonner tout à fait. Il n'y eut absolument que certains connaisseurs isolés qui surent rendre justice au charme de leurs mélodies, au talent d'exécution que déployaient même des artistes d'une ligne secondaire. Il faut bien le dire, on ne savait guère alors en France ce que c'était que chanter ; on criait à outrance dans les théâtres, on gesticulait, on formait des sons étourdissants conformes aux accents du lutrin et du plain-chant; mais quant au goût, à l'art des modulations, de la conduite de la voix, on n'en avait nulle idée.

Malgré leur peu de succès et leur impopularité, les chanteurs italiens influaient heureusement sur le sentiment du public français, que l'on peut toujours, malgré ses préjugés et ses égarements, étudier et réformer. On apprit à aimer, à sentir leurs chants, et il en resta quelque chose dans le goût général. Voici du reste comment un juge compétent, Grétry, s'exprimait quelques années après sur le compte de Pergolèse, qui n'était encore qu'un inconnu pour la majorité des Français, malgré les représentations de la *Serva Padrona* données presque à huis clos : « Pergolèse naquit, et la vérité fut connue. L'harmonie a fait depuis des progrès étonnants dans ses labyrinthes infinis. Les exécutants, en se perfectionnant, ont permis aux compositeurs de déployer la richesse des accompagnements; mais Pergolèse n'a rien perdu. La vérité qui caractérise ses chants est indestructible comme la nature. Le *Stabat* me paraît réunir tout ce qui doit caractériser la musique d'église dans le genre pathétique, etc... »

Cette première troupe italienne avait été forcée d'abandonner Paris sans avoir eu beaucoup à se louer de son séjour. Une partie de ses acteurs avait été obligée de regagner l'Italie dans un état de dénûment complet; l'autre partie s'était incorporée, comme nous l'avons vu précédemment, dans la troupe de l'Opéra-Comique.

Une autre troupe vint tenter la fortune en France à l'époque de la grande lutte de Gluck et de Piccini. Nous savons déjà que la victoire était demeurée à Gluck, qui avait fait peser dans le plateau de la balance l'ascendant d'un génie à part, fait pour enlever toutes les positions, pour vaincre dans toutes les luttes par sa seule prépondérance personnelle.

La défaite de Piccini ne pouvait guère contribuer à fortifier la troupe italienne, qui fut bientôt obligée de quitter Paris dans des conditions à peu près aussi désastreuses que celle qui l'avait précédée. L'ère du dilettantisme si brillant plus tard et si riche en enthousiasme, n'était pas encore ouverte en France.

Les *Bouffons* que Monsieur, frère de Louis XVI, fit venir en 1789, commencèrent à donner au public français une meilleure opinion des acteurs italiens. Il est vrai de dire qu'on avait composé cette nouvelle troupe avec soin; on n'y avait admis que des chanteurs exercés, ayant déjà fait leurs preuves sur les principales scènes italiennes, des comédiens intelligents, capables de remplir et non de ridiculiser et de parodier les rôles qui leur étaient confiés.

Cette troupe obtint un succès réel et sut grouper autour d'elle un public choisi, composé de juges éclairés et de véritables amateurs de chant. Elle donnait ses représentations sur le théâtre des Tuileries, appelé alors le *Théâtre de Monsieur*.

La révolution, qui ne tarda guère à éclater et à répandre dans l'intérieur des Tuileries des scènes d'agitation populaire bien connues de tout le monde, nécessita la fermeture du théâtre de Monsieur, et força la troupe italienne à se disperser. On reconnaîtra sans peine que les airs, les duos et les mélodies ne devaient plus guère trouver d'échos au milieu des événements de juin et d'août.

Une partie de la troupe s'était donc fondue avec celle de l'Opéra-Comique, qui donnait alors des représentations au théâtre Feydeau. Mais on reconnut bientôt que les deux genres ne pouvaient être contenus dans le même cadre sans se gêner et faire ressortir leur infériorité mutuelle sous le rapport du jeu et du chant. Les acteurs français restèrent seuls en possession du théâtre Feydeau, et on eut encore une fois à assister au désastre d'une troupe italienne venue à Paris sans avoir pu, malgré de louables efforts et de réels succès, trouver un appui suffisant auprès du public.

Cependant, au commencement du siècle, l'art du chant avait fait de tels progrès, Garat, qui était la grande influence musicale du Directoire et de l'Empire, prônait si franchement et professait avec tant de zèle la méthode de chant ultramontaine, que l'établissement définitif d'un théâtre italien était devenu une nécessité et un goût de vogue pour les spectateurs français.

On vit donc sous l'Empire s'établir, dans divers théâtres, plusieurs troupes italiennes composées de sujets remarquables dont les noms se sont perpétués jusqu'à nous.

C'est à cette époque-là qu'il faut faire remonter le vrai principe du règne du dilettantisme.

Les anciens amateurs de musique n'ont pas oublié les noms des Barilli, des Crivelli, des Festa, des Néri, des Mainvielle-Fodor, de Tachinardi, le père et le maître de madame Persiani, l'admirable cantatrice que nous avons tous applaudie il y a quelques années. C'est à ce Tachinardi, très-grand chanteur, mais contrefait et mal bâti, qu'il est arrivé de dire aux spectateurs parisiens qui s'étaient avisés de rire lorsqu'ils le virent paraître pour la première fois : « Avant qu'on me *jouge*, je demande qu'on m'entende. » Et il entonna aussitôt un air de bravoure avec une telle énergie, une si grande puissance d'expression que les rieurs furent aussitôt désarmés et n'eurent rien de mieux à faire que de témoigner à l'éminent artiste leur enthousiasme et leur repentir par une explosion d'applaudissements.

En 1815, la salle Louvois fut exclusivement consacrée à la troupe italienne et prit le nom d'*Opera-Buffa*. La troupe avait pour directrice et pour principal ornement la fameuse madame Catalani, qui fit entendre pour la première fois aux oreilles parisiennes ces points d'orgue prodigieux, ces pluies de notes et de roulades, ces cadences à perte de vue, tous ces tours de force de larynx sur lesquels on s'est un peu blasé depuis, à force d'entendre de gosiers de cantatrices se transformer en mécaniques humaines et lutter d'agilité avec les instruments.

On alla voir madame Catalani, mais rien qu'elle seule ; elle avait autour d'elle, comme la plupart, du reste, des grandes célébrités dramatiques, non pas même des chanteurs, mais de véritables comparses, de ces utilités nomades qu'on a l'avantage de ne payer pour ainsi dire pas, et desquelles on n'a pas à craindre la moindre concurrence. Il en résulta qu'au bout de deux ans, le public était entièrement saturé des effets de voix de madame Catalani, qui se trouva dans la nécessité d'abdiquer la direction du théâtre.

Cependant on approchait de la période qui peut s'appeler l'*âge d'or* du dilettantisme. On commençait à se fatiguer un peu des chants pleins de douceur et de charme des Cimarosa, des Paësiello, des Paër, qui ne laissaient pas, malgré leur mérite, de sembler parfois traînants et monotones. Rossini parut, et aussitôt le Théâtre-Italien devint le théâtre à la mode : ce ne furent pas seulement les grands seigneurs, les grandes dames, les gens à équipages qui composèrent son public, on le vit se grossir d'une foule d'enthousiastes de toutes les classes, de vrais amateurs fanatiques et dévoués ne craignant pas souvent de stationner des cinq ou six heures devant les bureaux, par le froid et la pluie, pour obtenir un coin de parterre ou d'amphithéâtre.

On sait, toutefois, que la renommée de Rossini ne s'établit pas à Paris sans quelque lutte. Les vieux amateurs commencèrent, comme il arrive presque toujours quand un nouveau nom se présente, par se cabrer contre la musique du jeune maestro qu'ils jugeaient incohérente, diffuse, trop bruyante et saccadée, visant trop à l'effet et à la fioriture. Garcia, artiste éminent, se vit forcé de stipuler dans son engagement qu'il aurait le droit de donner pour son bénéfice le *Barbier de Séville*.

Les mélodies rossiniennes commencèrent à s'insinuer

progressivement dans les oreilles françaises. On apprit à gouter *le Barbier*, *Otello*, *Semiramide*, *la Pie voleuse*, *Cendrillon*, *Moïse*, etc. On reconnut les beautés sans nombre que contenaient les productions d'un génie si fertile et si surprenant, puisque après tant d'heureuses improvisations créées pour ainsi dire au hasard et jetées aventureusement au vent du succès, il devait clore sa carrière par son admirable *Guillaume Tell*.

Il faut dire aussi qu'avec Rossini, et sans doute sous l'influence de son génie, on vit se former une pléiade de chanteurs si parfaite, qu'elle semble être venue exprès pour marquer les limites de l'art du chant et ne laisser que des sujets de regrets aux vieux amateurs qui passent leur vie à faire sans cesse de tristes rapprochements entre le présent et le passé.

Nous avons déjà cité Garcia, le modèle des ténors, qui était à la fois un admirable chanteur et un comédien éminent. De l'avis de tous ceux qui l'ont entendu, on n'a qu'une idée imparfaite du rôle de Don Juan, quand on n'a pas vu le fougueux ténor paraître au milieu de la fête, débraillé, le manteau à demi défait, la plume brisée sur l'oreille, chantant à pleine poitrine ces fameux couplets de l'orgie, si pleins d'entraînement et de furie luxurieuse.

Après Garcia, on entendit Donzelli, chanteur de force et de puissance, qui faisait résonner avec tant d'éclat sa belle et métallique voix de ténor.

Puis on vit paraître deux véritables astres de grâce, de mélodie et de beauté, madame Malibran, la fille du ténor Garcia, et madame Sontag, qu'un riche et brillant mariage a enlevée puis rendue à la scène. C'était un heureux et brillant accord que celui de ces deux jeunes filles douées de talents si supérieurs et néanmoins si opposés; l'une, fougueuse, vive, emportée comme l'Italie et l'Espagne; l'autre, candide, pure, aérienne comme les Ondines et les Fées des ballades allemandes, qui semblaient parfois faire passer leurs accents et l'écho de leurs harpes dans ses chants si pleins de douceur et de charme. Lorsqu'on voyait reparaître ces deux charmantes créatures, *après le duo de Semiramide*, en se tenant par la main et en s'inclinant avec reconnaissance devant le public, on comprenait que toute la salle fût transportée et se fît un vrai bonheur de les couvrir de bouquets et de les fêter avec enthousiasme.

Le talent de madame Pasta a été considéré comme le plus parfait qui ait jamais paru sur la scène lyrique. Elle jouait avec autant d'âme et d'expression que Talma, et de plus elle chantait avec la plus admirable méthode, une élévation de style que l'on retrouvait, même dans ses dernières représentations, alors qu'un voile funeste s'était étendu sur son chant.

Bientôt on vit paraître Rubini, surnommé le roi du chant, le prince des ténors; grand chanteur, en effet, puisqu'il avait le don de transporter et d'électriser tout un public rien qu'avec des roulades et des points d'orgue, et en demeurant constamment sur la scène l'être le plus inanimé, le plus vulgaire et pour tout dire le moins comédien de tous les hommes.

A côté de Rubini a brillé Lablache, ce colossal bouffon devenu presque un type populaire en France à cause de l'originalité de son jeu et de ses allures étranges et folles; puis Tamburini, excellent baryton, doué d'une voix si flexible et si sonore, qui a eu le tort de ne pas savoir dételer à temps son coursier musical et de vouloir reparaître devant ce même public qui l'avait vu vingt années auparavant avec un organe merveilleux dont il ne restait plus que de tristes vestiges; mademoiselle Grisi, douée de ce don de l'extérieur et de la figure, qui est déjà au théâtre une condition de succès, chanteuse parfois inégale, trop peu sûre d'elle-même, mais souvent aussi vraiment inspirée, atteignant dans certains cas à de très-beaux effets de jeu et de voix; enfin, parmi les artistes éminents qui se rattachent à cette belle période du chant italien, madame Persiani, la plus habile faiseuse de fioritures que l'on ait jamais entendue, assez puissante, assez maîtresse de son talent et de sa voix pour semer la couleur, le relief et la vie sur ce frêle tissu du chant léger qui pèche souvent par le défaut d'expression et de variété.

Pour clore la liste des grands exécutants qui ont porté si haut la renommée de la scène italienne, il faut citer madame Alboni, douée d'une délicieuse voix de contralto, et n'ayant jamais peut-être été égalée pour le naturel et la sûreté. Madame Alboni a joué pendant un certain temps sur la scène de l'Opéra, où elle a même créé plusieurs rôles importants, mais son talent exclusivement musical devait tôt ou tard la séparer d'un genre qui exige presque impérieusement les qualités du jeu. Elle est donc revenue au Théâtre-Italien, son berceau véritable, sa patrie réelle, où elle est toujours sûre d'enchanter cette portion du public passionnément éprise des gammes et des roulades.

C'est sur la scène italienne que l'on a vu débuter mademoiselle Sophie Cruvelli, qui a suivi dans ses migrations une marche opposée à celle de mademoiselle Alboni, c'est-à-dire qu'après avoir fait un séjour de quelque tempssur lo Théâtre-Italien, elle a été engagée à l'Opéra. Mademoiselle Cruvelli possède ces deux priviléges si précieux de la jeunesse et de la beauté.

Malgré les grands éloges qui lui ont été déjà distribués et tout le bruit qui s'est fait autour d'elle, on peut dire que son jeu et son chant ne sont pas encore bien réglés. Il y a beaucoup de fougue, d'entrain, de volonté dans le talent de la jeune cantatrice, mais aussi plusieurs inégalités regrettables, des accès d'emportement et de faux goût, des saillies de gestes et de gosier qui indisposent le spectateur et lui font éprouver un malaise réel, toutes imperfections que le temps peut faire disparaître, et aussi le travail, la patience, le calme, qui convient si bien à l'existence et à la vraie renommée de l'artiste.

Enfin, nous citerons un dernier nom, celui d'un véritable artiste, d'un exécutant hors ligne, qui n'a pas été apprécié à Paris à toute sa valeur, Ronconi, que l'on appellera peut-être un jour le dernier des virtuoses et des vrais chanteurs italiens.

Il est vrai de dire que Ronconi n'a jamais eu rien d'efféminé dans le jeu ni dans le chant, ni songé à sacrifier à la roulade et à ces charlatanismes de larynx qui ont parfois inspiré à certaines personnes une haine véritable pour les traditions et les routines d'une certaine méthode italienne. Ronconi est resté essentiellement mâle et vigoureux dans son chant, préoccupé avant tout de l'expression et du style, frappant droit à l'âme de son auditoire, saisissant, pathétique, presque sauvage à force de puissance et de verve sombre. On se souvient encore de l'effet prodigieux qu'il produisait dans *Nabuco* et dans le beau troisième acte de *Maria di Rohan*. On peut dire qu'il se montrait dans ces deux rôles grand tragédien autant que chanteur plein d'inspiration, artiste d'un ordre tout à fait supérieur.

La révolution de Février porta un coup funeste au Théâtre-Italien, et faillit même amener sa destruction absolue. On conçoit que les esprits d'alors, exclusivement en proie à des préoccupations politiques, ne fussent guère disposés à prêter leur attention à des duos et à des mélodies. Il faut dire aussi que la fièvre du dilettantisme, forte et dominante quelques années auparavant, avait subi un décroissement notable.

Les grands artistes si souvent applaudis, saturés parmi nous d'ovations et de fêtes de toute espèce, commençaient à vieillir. Les diverses capitales de l'Europe se disputaient à prix d'or les sujets d'une troupe qui valait autant par l'ensemble que par le mérite individuel de chacun.

Les compositeurs italiens eux-mêmes, les maîtres modernes, n'avaient plus pour le public français l'attrait de la nouveauté. Rossini était toujours Rossini, c'est-à-dire le compositeur hors ligne, mais enfin on l'avait bien souvent entendu, étudié, exécuté soi-même. On ne pouvait pas faire qu'après cent ou deux cents auditions du *Barbier* et d'*Otello* on éprouvât le même genre de plaisir qu'à la première soirée.

Les musiciens qui étaient venus après Rossini et qui avaient eu aussi leurs jours de vogue, les Bellini, les Donizetti, avaient également perdu sur le public une partie de leur influence. Leurs mélodies tendres et gracieuses avaient atteint ce genre de popularité ou même de vulgarisation qui n'est pas toujours favorable à une musique d'une certaine nature.

Qu'on joigne à ces diverses causes de dépérissement

l'absence de grands chanteurs, qui coïncidait malheureusement avec la disette de compositeurs, et on s'expliquera sans peine le concours de circonstances funestes qui semblèrent devoir amener en 1848 la fermeture du Théâtre-Italien. Restait Verdi, dont les productions faisaient, disait-on, fureur en Italie. Mais le public français s'obstinait à demander au talent de Verdi, tourné principalement vers le grandiose, les effets d'ensemble, les chœurs aux ritournelles lentes et solennelles, ces qualités de charme, de détail et d'agrément que l'on était habitué à rencontrer dans les œuvres de Rossini, de Donizetti et de Bellini.

Il vint donc un moment où le métier de directeur du Théâtre-Italien, jusqu'alors si recherché, et entraînant avec lui de si beaux et si fructueux avantages, devint une condition périlleuse et néfaste qui n'offrait plus aux gens assez hardis pour l'accepter que des chances de désastres et de ruines.

Les recettes, qui s'étaient élevées en 1847 jusqu'à près d'un million, avaient eu peine à atteindre le chiffre de deux cent mille francs en 1849. On juge, d'après ce seul rapprochement, du triste changement opéré dans les affaires d'une entreprise autrefois si brillante.

MM. Dupin, Lumley, Corti, se succédèrent à la direction du Théâtre-Italien et n'y trouvèrent que de mauvaises chances, qui les forcèrent bientôt à se démettre de leurs fonctions. Il est vrai de dire que ces divers directeurs avaient entrepris la lutte avec des troupes on ne peut plus faibles et où l'on ne comptait aucun de ces artistes d'éclat seuls capables d'influer sur les recettes et de ramener un public dispersé.

Le colonel Ragani prit en main en 1853 une administration devenue des plus difficiles et des plus dangereuses, et eut le bon esprit de comprendre que la seule manière de combattre sérieusement l'indifférence du public était de lui offrir une troupe forte, dignement composée, pouvant rappeler jusqu'à un certain point les anciens beaux jours où le théâtre possédait une réunion de virtuoses hors ligne.

M. Ragani se jeta donc courageusement dans cette voie, la seule raisonnable, la seule possible. Il commença par engager, coûte que coûte, Madame Alboni et Mario. Les noms seuls de ces artistes insérés dans le programme de la saison firent monter le chiffre de la location de plus de cent mille francs. L'épreuve était donc décisive et ne laissait pas le moindre doute sur la marche à suivre dans l'avenir.

On compte parmi les principaux artistes engagés maintenant au Théâtre-Italien madame Bosio, cantatrice du plus grand mérite, réalisant des merveilles de vocalisation; madame Gassier, douée d'une de ces voix aériennes dont on a peine à suivre les hasards infinis et les prodigieux caprices; madame Borghi-Mamo, belle voix de contralto très-bien posée, très-puissante, qui manque peut-être un peu de sonorité et d'effet, mais qui possède d'incontestables qualités d'expression et de charme; madame Frezzolini, si inspirée, si vraiment artiste quand son organe ne la trahit pas.

On distingue parmi les hommes le ténor Bettini, que nous avons déjà applaudi à l'Opéra, et qui brille surtout dans les grands rôles d'effet et de vigueur; Baucardé, une des grandes renommées de l'Italie, ténor un peu guttural, mais plein de relief et de style; Lucchesi, ténor du genre agréable et doux, qui vocalise à merveille et supplée aux défauts de son organe par un goût pur, une exécution fine et savante; Gassier, jeune baryton plein d'animation et de sève, qui a eu le courage de se rendre en Italie pendant plusieurs années pour y étudier à fond les ressources et la vraie méthode du chant; Graziani,

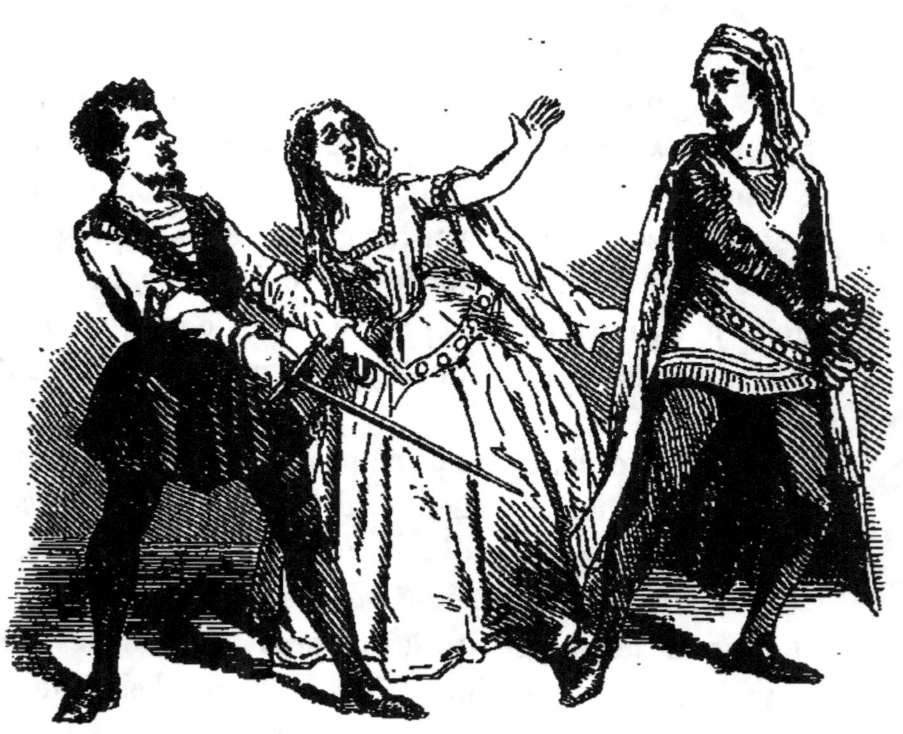

Bancardé, Mme Frezzolini et Graziani dans *Il Trovatore*.

baryton doué d'une voix charmante, qui s'est surtout distingué dans *Il Trovatore*, un des bons ouvrages de Verdi; enfin M. Rossi, bouffe remarquable, dont le talent est incontestable, puisqu'il a su jouer les rôles de Lablache en leur donnant une physionomie nouvelle et trouver auprès du public des sympathies d'un genre différent, mais presque aussi vives que celles qu'avait su s'attirer son réjouissant prédécesseur.

Le Théâtre-Italien occupe la salle Ventadour sur la place de ce nom, entre les rues Dalayrac et Marsollier, près du passage Choiseul.

Cette salle a eu plusieurs destinations : elle a été construite primitivement pour l'Opéra-Comique, qui n'y a pas prospéré. On y a établi ensuite le théâtre dit *Nautique,* consacré spécialement à des effets d'eau ; puis le Théâtre de la Renaissance, où l'on a joué pendant quelque temps le drame et l'opéra avec un certain succès.

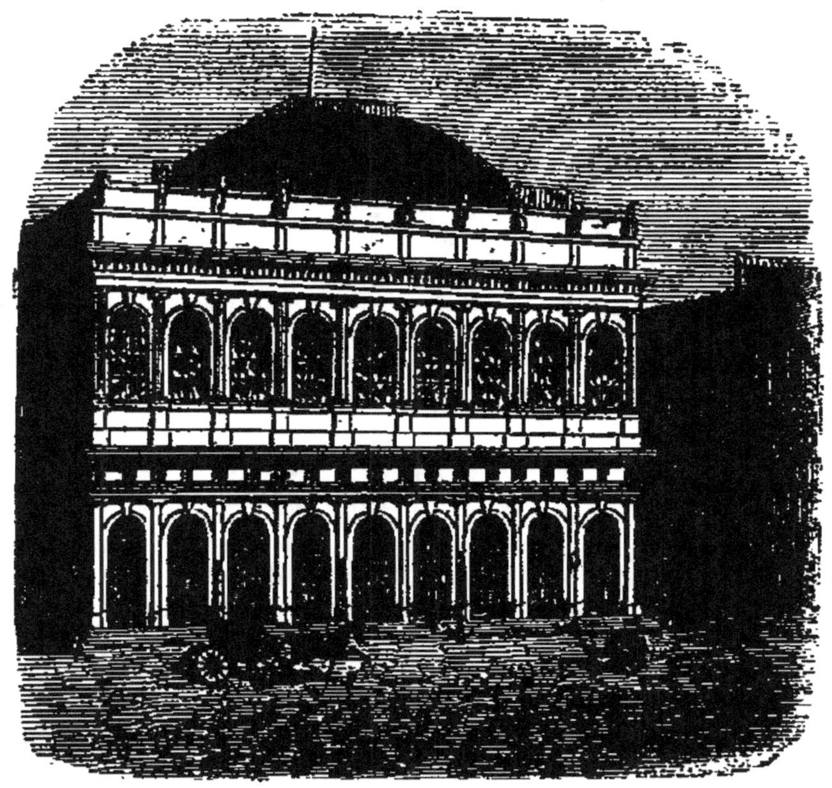

Théâtre Italien.

La salle Ventadour est grande, spacieuse, bien ornée, très-appropriée au genre qu'on y exploite maintenant. Les alentours sont vastes, bien disposés pour la circulation des voitures.

On a conservé, aux Italiens, l'usage des toilettes de bal, qui ne contribuent pas peu à jeter de l'éclat sur les représentations.

A ce point de vue de l'élégance, le moment le plus splendide de la soirée est celui de la sortie, alors que les domestiques font avancer les voitures et que le beau monde se presse dans le foyer, où le bataillon sacré, sous les armes, déploie toute son artillerie de satin, de dentelles et de bijoux.

On alloue, depuis deux ans, au Théâtre-Italien, une subvention annuelle de 100,000 francs; on doit reconnaître que, dans l'état actuel des choses, il serait bien difficile à ce théâtre, non pas de s'enrichir, mais même d'exister sans cette allocation.

PRIX DES PLACES:

(1,290 places.)

INDICATION DES PLACES.	BUREAU.	LOCATION.
Premières loges et secondes de face.	10 fr. » c.	13 fr. » c.
Stalles d'orchestre et de balcon.....	10 »	12 »
Rez-de-chaussée.................. Secondes de côté.................	7 50	10 »
Troisièmes de face................	6 »	8 »
Troisièmes de côté................	5 »	7 »
Quatrièmes........................	4 50	4 50
Parterre..........................	4 »	5 »

LOCATION PAR ABONNEMENT.

INDICATION DES PLACES.	NOMBRE DE PLACES.	PRIX POUR			
		Trois mois.	Quatre mois.	Cinq mois.	Six mois.
		fr.	fr.	fr.	fr.
Stalles d'orchestre et de balcon	1	390	500	600	690
Loges de rez-de-chaussée.	5	1 760	2 213	2 684	3 125
	4	1 408	1 771	2 147	2 500
Premières loges fermées et découvertes	6	2 984	3 853	4 680	5 475
Deuxièmes loges de face fermées et découvertes.	5	2 486	3 211	3 900	4 563
	4	1 989	2 569	3 120	3 650
Deuxièmes loges de côté, découvertes	4	1 638	2 080	2 470	2 808
	2	819	1 040	1 235	1 404
Deuxièmes loges de côté, fermées	4	1 599	1 924	2 080	2 310
Troisièmes loges de face, fermées et découvertes..	5	1 414	1 755	2 031	2 250
	4	1 131	1 404	1 625	1 800
Troisièmes loges de côté, découvertes	4	1 014	1 248	1 406	1 560
	2	507	624	703	780
Troisièmes loges de côté, fermées	4	819	1 040	1 235	1 404
	3	615	780	927	1 053
Quatrièmes loges	4	624	780	910	1 014
	3	468	585	683	761
	2	312	390	455	507

Observations. — Les représentations ordinaires ont lieu les *mardi, jeudi* et *samedi* de chaque semaine.

Les locations se font par tiers (*un jour* par semaine); par deux tiers (*deux jours* par semaine), ou enfin en totalité, c'est-à-dire pour *les trois jours* de la semaine.

Tout engagement de location pour un terme moindre que la totalité de la saison sera subordonné aux demandes qui seraient faites plus tard pour un temps plus long;

toutefois cette restriction cessera d'avoir son effet le jour où le locataire entrera en jouissance.

Chaque locataire ne pourra délivrer de coupon de sa loge que pour le nombre de personnes qu'elle doit contenir; en cas d'excédant, il devra payer le prix de la place à l'entrée de la salle, d'après le tarif du bureau, pour chaque personne qu'il y aura admise au delà du nombre fixé. Le coupon doit être signé du nom du locataire.

Les abonnés ne pourront réclamer d'indemnité de jouissance pour les jours de relâche obligé.

Ne sont pas comprises dans les abonnements les représentations dites *extraordinaires*, savoir : les représentations du *dimanche*, celles à bénéfice, et enfin les concerts de la semaine sainte et autres.

Les locataires de la loge entière auront droit, en payant le prix de leurs loges, de les conserver de préférence pour toutes les représentations *extraordinaires* qui ne font pas partie de leur jouissance, pourvu toutefois qu'ils le demandent en temps utile.

A l'égard des locataires de portions de loges, la préférence sera accordée à celui d'entre eux qui, le premier, fera retenir ses coupons.

Nota. — Pour les loges d'avant-scène et les premières loges à salon, on traite de gré à gré.

La location par abonnement peut aussi se faire pour un ou deux mois; dans ce cas, le prix de la location se calcule par jour, et chaque jour se paie comme s'il ne s'agissait que d'une seule représentation.

X. — THÉATRE DU VAUDEVILLE.

Le Français né malin créa le vaudeville.

On ne peut guère se dispenser de répéter ce vieux vers de Boileau lorsqu'on prononce le nom de ce théâtre, qui représente un genre pour le moins aussi vraiment français que l'Opéra-Comique.

Réaliser une nature de comédie vive, légère, enjouée, caustique, tout imprégnée d'actualité, interrompant brusquement le dialogue pour chanter ou fredonner des motifs connus et populaires, rire un peu de tout, au hasard, suivant que les circonstances et les choses du moment vous y portent, est-ce que cela n'est pas bien dans nos traditions, nos habitudes, on peut même dire dans nos *tics* nationaux?

Du reste, le vaudeville est sorti de la même souche que l'opéra-comique. Il a même vécu pendant longtemps avec lui sur un pied de fraternité et d'association.

Il fut forcé de sortir du cadre commun et de se constituer un genre et un domaine à part, lorsque l'opéra comique crut devoir se séparer de lui, afin de lutter avec plus d'avantage contre la troupe italienne, qui donnait des représentations sur le théâtre de Monsieur. On put craindre un moment qu'elle n'attirât la foule à l'aide des chanteurs distingués qu'elle possédait. Cette crainte se trouva dénuée de fondement, comme nous l'avons vu à l'article du Théâtre-Italien.

Jusqu'alors on avait compris sous le titre d'*opéra comique* non pas seulement des pièces exclusivement musicales, mais aussi de petites comédies mêlées de couplets et de ponts-neufs que l'on pouvait exécuter sans aucune des qualités ni des prétentions d'exécutants proprement dits.

Ce fut donc ce genre de pièces et d'acteurs que l'Opéra-Comique crut devoir retrancher de son répertoire et de son programme. Les acteurs congédiés se formèrent en deux camps : l'un alla donner des représentations sur le théâtre du Marais, mais ces représentations furent peu suivies, et le théâtre ne tarda guère à fermer ses portes.

L'autre corps d'émigrants fut plus heureux : il avait pour directeur un acteur nommé Rosière, qui s'était fait remarquer sur la scène de l'Opéra-Comique par son jeu plein de naturel et de gaieté. Il excellait surtout dans les rôles de tuteurs et de vieillards, et avait créé le Cassandre du *Tableau parlant* avec un talent si naïf et si vrai qu'il se passa bien des années avant qu'on pût rencontrer un seul acteur digne de le remplacer.

Ce Rosière joignait à son mérite de comédien la faculté de tourner agréablement les couplets. Il avait composé seul ou en collaboration quelques petites pièces qui avaient été jouées avec un certain succès.

Il eut le bon esprit de compter non pas sur ses propres ressources littéraires pour constituer le répertoire du nouveau théâtre qu'il était dans l'intention de fonder, mais sur celles de deux auteurs de profession, Piis et Barré, avec lesquels il était lié d'amitié. Piis et Barré avaient déjà doté la scène de l'Opéra-Comique de plusieurs pièces villageoises des plus ingénieuses et de tableaux grivois qui les avaient constitués en maîtres et en modèles du genre.

Les trois amis avaient remarqué à côté du Palais-

Royal, dans la rue de Chartres, une salle de bal public appelé le Wauxhall-d'Hiver. Ils résolurent de convertir cette salle en un théâtre, qu'ils nommèrent *théâtre du Vaudeville*, afin d'annoncer bien nettement au public le genre de pièces qu'ils se proposaient d'exploiter.

Ce fut en 1792 que se fit l'inauguration du nouveau théâtre.

Bientôt il se forma autour de Piis et Barré une pléiade de joyeux écrivains qui devaient se consacrer exclusivement au nouveau théâtre, comme les Piron, les Lesage, les Fuzelier s'étaient consacrés autrefois au théâtre de la foire. Les Radet, les Desfontaines, les d'Avrigny se firent une véritable popularité avec certaines de leurs pièces, qui avaient surtout la prétention de n'être pas des pièces, mais de simples canevas que l'on couvrait autant que possible de traits d'esprit, de saillies folles et surtout de chansons.

On exploitait surtout l'à-propos, l'allusion politique. Le théâtre n'avait pas oublié qu'il descendait en droite ligne de ce vieux genre français essentiellement caustique et goguenard ayant pour rôle et pour mission de chansonner la cour et la ville.

Toutes les pièces commençaient par un couplet adressé au public, et que l'on appelait le *couplet d'annonce*. On indiquait le sujet, on tâchait d'éveiller l'esprit des spectateurs par un premier trait vif et piquant qui lui donnait la note du thème et le mettait autant que possible en bonnes dispositions. Il y avait aussi le couplet final, qui n'était pas comme aujourd'hui une plate et vulgaire supplique adressée aux spectateurs sur le ton du plus fade compliment; ce couplet formait une espèce de canon général composé de strophes épigrammatiques que chaque acteur exécutait à tour de rôle. Nous voyons cet usage se conserver encore dans certaines pièces de fin de l'année, seulement dans un cadre infiniment plus restreint que celui de l'ancien vaudeville.

Une allusion imprudente faite au procès de Louis XVI dans une pièce qu'on appelait la *Chaste Susanne* occasionna la fermeture du théâtre et fut cause que les deux directeurs Radet et Desfontaines subirent quelque temps de prison.

Sous l'Empire, on interdit entièrement la politique au théâtre du Vaudeville. Il fut obligé de se rejeter dans les pièces dites de *genre*, qui devaient lui ouvrir une nouvelle veine de succès. On n'a pas oublié la vogue qu'obtint la pièce si populaire de *Fanchon la Vielleuse*, sur laquelle on a enté depuis le drame de la *Grâce de Dieu*, qui n'est que la même idée retournée ou pour mieux dire transportée du salon à la mansarde.

On vit alors plusieurs acteurs du Vaudeville se faire de véritables réputations qui balancèrent souvent dans l'opinion du public celles des comédiens des grands théâtres. Nos grands-pères nous parlent encore avec enthousiasme de la fameuse madame Belmont, de celle qui avait créé le rôle de Fanchon; puis du *beau* Henri, un acteur à épaulettes et à pantalon collant, que l'on applaudissait surtout à cause de sa tournure et de sa réputation de beau cavalier.

C'est sur la scène du Vaudeville que s'est fait connaître la vive et ingénieuse Minette, qui a créé un type d'ingénuité malicieuse et narquoise que nulle actrice n'a su reproduire après elle. On a applaudi sur cette même scène Joly, comédien très-original, excellant surtout dans les rôles à travestissements; Philippe, acteur de verve et de bonne humeur, qui finissait par divertir le public à force de s'agiter, de rire lui-même à gorge déployée et de débiter des couplets de facture avec une volubilité surnaturelle; madame Perrin, jeune merveille de grâce et de beauté, que l'on a vue s'éteindre si tristement au milieu de ses vingt ans; Gontier, qui avait déjà su se faire remarquer par son jeu plein de finesse et d'entrain dans les jeunes premiers comiques, les Elleviou de vaudeville; enfin mesdames Déjazet et Jenny Vertpré, qui débutèrent au Vaudeville et donnèrent dès leurs premiers essais de brillantes espérances, qu'elles ont depuis si bien réalisées l'une et l'autre.

Un homme qui s'annonçait comme devant renouveler entièrement le genre du vaudeville par son genre d'esprit et la direction générale de son talent, M. Scribe avait déjà donné ses premiers ouvrages, qui avaient été autant de succès. On avait vivement applaudi le *Comte Ory*, le *Nouveau Pourceaugnac*, la *Visite à Bedlam*, surtout la *Somnambule*, que tout Paris avait voulu voir.

C'était évidemment là un nouveau genre qui se produisait, quelque chose d'infiniment plus travaillé, plus ambitieux et plus sentimental que ces pièces à couplets, ces à-propos sans intrigue, ces tableaux de mœurs et d'actualité qui avaient composé jusqu'alors le fonds du répertoire du vaudeville. On entrait, avec les nouveaux succès, dans le domaine de la petite comédie de mœurs, du petit drame intrigué et souvent tourmenté, fait dans plusieurs cas avec beaucoup plus de soins et d'efforts qu'une pièce de longue haleine.

M. Scribe devint le fournisseur privilégié du théâtre, qui s'habitua à compter sur ses pièces comme sur des succès à peu près certains et que l'on pouvait encaisser à l'avance.

On devine donc le déplaisir réel et même la consternation que dut éprouver l'administration du Vaudeville, lorsqu'on annonça que M. Delestre-Poirson, un des collaborateurs de M. Scribe, venait d'ouvrir un nouveau théâtre au boulevard Bonne-Nouvelle sous le nom de *Gymnase dramatique*, et avait fait un traité avec l'auteur de la *Somnambule* par lequel celui-ci s'engageait à ne travailler exclusivement que pour la scène du Gymnase.

On put croire un moment que c'en était fait du Vaudeville, qui se trouvait privé à la fois et de l'un de ses principaux auteurs et de deux de ses artistes les plus distingués, Gontier et madame Perrin, que M. Delestre-Poirson avait su entraîner avec lui.

Par bonheur, le Vaudeville avait alors pour directeur un homme qui avait de l'esprit aussi, bien que d'une nature tout opposée à celui de M. Scribe, Désaugiers, véritable chansonnier qui a eu ce don suprême d'égayer et de faire chanter toute une époque.

Désaugiers, guidé à la fois par son bon sens et sa bonne humeur, comprit qu'il y avait raison de s'affliger sans doute au sujet de la désertion de M. Scribe, mais non pas de désespérer des destinées et de l'avenir de l'entreprise. A côté de Marivaux et de Lachaussée, il y avait toujours Colé, Piron, Vadé, tout le vaudeville enfin, avec sa bonne vieille gaieté, sa malice, ses flonflons traditionnels, qui n'avait pu périr du jour au lendemain parce qu'un nouveau talent très-réel, mais au fond très-peu conforme au genre, venait de se présenter dans la lice.

Désaugiers soutint donc la lutte en faisant appel à tous les vaudevillistes qui florissaient alors, les Théaulon, les Mélesville, les Gentil, les Sewrin, une foule d'autres auteurs qui, sans avoir la brillante fécondité de M. Scribe, avaient su déjà rencontrer plusieurs de ces succès de bon aloi achetés sans trop de sentiment ni de littérature et que les petits théâtres, qui ne seront jamais que le contraste, le délassement des grandes scènes, devraient toujours exclusivement poursuivre.

Le genre du vaudeville, qui avait deja reçu des modifications notables à l'apparition de M. Sribe, s'écarta davantage de ses traditions et de son point de départ lorsque le grand mouvement littéraire de 1830 produisit sa révolution dans l'intérieur des théâtres. Tous les esprits étaient alors tournés, comme on sait, vers le drame et le genre historique.

Le Vaudeville comprit qu'il devait obéir aux nouvelles exigences du public. On vit donc paraître dans son cadre un nouveau genre de pièces à couplets et en plusieurs tableaux inspirées par la chronique scandaleuse du XVIIe et surtout du XVIIIe siècle. La grande vogue obtenue par *Marie Mignot* prouva qu'on avait bien deviné les goûts du public du jour en entrant dans cette nouvelle voie de production.

Bientôt, grâce à M. Ancelot, qui venait de quitter le cothurne des grandes scènes tragiques pour entrer sur le terrain du vaudeville, infiniment plus fécond et plus productif, on vit représenter sur la scène la plupart des personnages du siècle dernier, célèbres par leurs intrigues et leurs galanteries : les Richelieu, les Parabère, les Pompadour, les d'Egmont, les Dubarry, etc. Il y eut à côté des drames à poudre de M. Ancelot, un grand nombre de pièces à intrigue bien faites et charpentées suivant les goûts et les habitudes du moment. Les auteurs à succès furent MM. Lockroy, Fournier, Arnould, Saintine, Masson, Longpré, etc.

Il faut dire aussi que la troupe du Vaudeville était alors des plus distinguées et riche en comédiens très goûtés du public.

On comptait, au nombre des premiers sujets, madame Albert, qui jouait le petit drame chanté avec tant d'élan et de passion; madame Brohan, la mère des deux demoiselles Brohan, aujourd'hui sociétaires de la Comédie Française, qui remplissait les rôles de finesse et d'ironie avec une distinction des plus rares; Lafont, qui commençait à s'élever au-dessus des rôles de *beaux* proprement dits pour attaquer avec bonheur les emplois de caractère; Volnys, jeune premier, froid mais doué de beaucoup de bonne grâce extérieure : parmi les comiques, Bernard-Léon, acteur un peu forcé, un peu lourd, mais plein d'entrain, d'originalité et de relief; Lepeintre aîné, bon acteur, excellent homme qui a si tristement fini; Lepeintre jeune, qui a été à lui seul un type complet, le modèle de la balourdise naïve et burlesque.

Le Vaudeville trouva bientôt une nouvelle veine de succès dans le genre et le talent d'Arnal qui, après s'être fait remarquer dans le rôle accessoire du domestique de *l'Humoriste*, trouva une suite de triomphes dans les pièces très-gaies, souvent un peu prétentieuses et maniérées dans leur comique, de MM. Duvert, Lauzanne et Xavier.

Malgré les succès d'Arnal, qui représentait du reste un genre exclusif créé par lui et devant finir avec lui dès que la mode en serait passée, le Vaudeville resta toujours fidèle à la voie du drame à couplets, qui a été assurément sa seconde vocation.

Quand on a fait sa fortune avec un genre, on y renonce difficilement; on croit toujours retrouver les circonstances exceptionnelles dont on a déjà été favorisé. Toutefois, ce genre de pièces en trois ou cinq actes est souvent dangereux; un théâtre joue presque toujours le tout pour le tout en s'y consacrant exclusivement. N'a pas de succès qui veut et à jour fixe dans un pareil cadre et surtout avec les ressources nécessairement limitées des scènes de vaudeville.

Un incendie qui dévora en 1838 la salle de la rue de Chartres, ouvrit pour le théâtre du Vaudeville une période malheureuse. La troupe donna momentanément des représentations dans une petite salle située sur le boulevard Bonne-Nouvelle.

Elle sortit de là pour aller s'établir place de la Bourse où elle est encore à présent, dans une salle plus vaste, plus ambitieuse que n'était le local de la rue de Chartres, et où le public, qui se souvenait d'y avoir vu récemment l'Opéra-Comique, ne pouvait manquer de hausser le niveau de ses exigences.

On crut devoir poursuivre les succès dits de *grandes pièces*, les productions qui tiennent tout un spectacle et ruinent ou arrièrent pour longtemps une administration si elles ne répondent pas pleinement aux espérances qu'on a fondées sur leur succès.

Une suite de désastres financiers vint prouver à la direction du Vaudeville combien le terrain qu'on avait adopté était semé de dangers et d'écueils. On fut obligé de fermer plusieurs fois le théâtre et à des intervalles si rapprochés qu'on désespéra presque de le voir jamais se rouvrir.

Il ne fallut rien moins que le succès de la *Dame aux Camélias* pour prouver que ce n'était pas là une scène maudite, vouée à tout jamais par une réunion de circonstances désastreuses, à la ruine et à la faillite.

Le succès de la *Dame aux Camélias* a été grand, appuyé sur une production d'une valeur incontestable, et d'ailleurs joué avec beaucoup de talent par madame Doche, qui a trop réussi peut-être dans le principal rôle la Dame aux Camélias pour ne pas l'être toujours et quand même, et par Fechter, jeune acteur intelligent, passionné, qui fera un beau chemin s'il sait ne pas céder aux enivrements puérils, à la folie des gros appointements, à tous ces rêves d'intérêt et d'amour-propre qui conduisent un jeune premier tout droit en Russie, dont la route n'est pas précisément ouverte, à l'heure qu'il est, aux comédiens français.

Le Vaudeville est passé depuis peu dans les mains d'une direction nouvelle qui fait de louables efforts pour retrouver le succès de la *Dame aux Camélias*. De pareilles chances ne se trouvent pas tous les jours, et il faut les acheter souvent par de longues années de déceptions et de catastrophes que tout le monde n'est pas en humeur de braver.

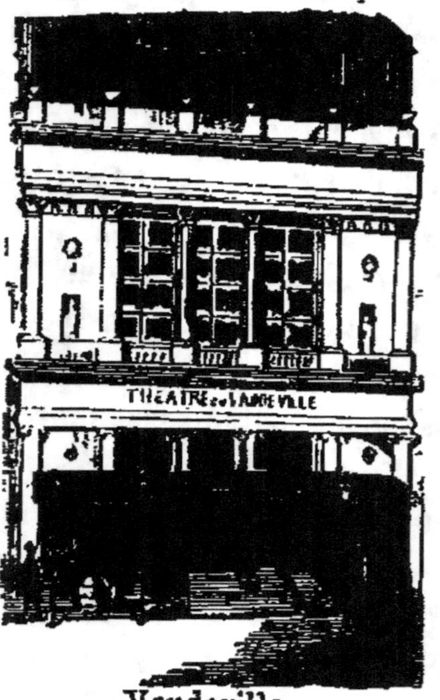

Vaudeville.

On remarque parmi les artistes du Vaudeville actuel, Brindeau, jeune premier plein d'assurance et d'entrain, qui a eu le bon esprit, après avoir essuyé les froideurs de la Comédie-Française, de revenir au théâtre de ses débuts, où le public lui a fait un très-bon accueil ; Félix, comédien parfois un peu lourd et vulgaire, mais qui possède à un haut degré ce don si rare de stimuler la gaieté du public et d'échauffer la scène ; mademoiselle Fargueil, comédienne intelligente, habile, qui a eu le talent de faire vivre la pièce des *Filles de Marbre*, dont le succès a été un peu le clair de lune de la *Dame aux Camélias*. Nous citerons enfin mademoiselle Luther, que l'on a vue successivement au Théâtre-Français et au Gymnase-Dramatique, jeune actrice qui a certainement des qualités précieuses, mais qui est possédée de ce démon de l'extrême assurance si fatal aux jeunes artistes qui n'ont pas encore fait leurs preuves.

Le théâtre du Vaudeville est situé place de la Bourse.

PRIX DES PLACES :

INDICATION DES PLACES.	BUREAU.	LOCATION.
Avant-scènes du rez-de-chaussée...	6 f. 50 c.	7 f. 50 c.
Avant-scènes du foyer............	6 »	7 50
Fauteuils d'orchestre............	5 »	6 »
Fauteuils de balcon..............	5 »	6 »
Loges de face fermées du foyer....	5 »	6 »
Loges découvertes du foyer........	5 »	6 »
Avant-scènes des premières.......	5 »	6 »
Baignoires grillées de face.........	5 »	6 »
Fauteuils de la première galerie....	4 »	5 »
Baignoires découvertes de côté.....	4 »	5 »
Premières loges de face...........	3 50	4 »
Premières loges de côté...........	2 50	3 »
Avant-scènes des secondes........	2 50	3 »
Secondes loges de face........	2 »	2 50
Secondes loges de côté............	1 50	2 »
Parterre..........................	2 »	» »
Seconde galerie	1 »	» »

XI. — THÉATRE DES VARIÉTÉS.

Le théâtre des Variétés doit être considéré, mieux encore que le Vaudeville, comme le vrai patriarche de la bouffonerie scénique, le modèle et le chef d'un genre qui est si bien dans les goûts, on peut même dire les besoins de la population parisienne.

Ce théâtre a eu le grand mérite de ne jamais être infidèle à sa spécialité, de ne chercher le succès que sur son terrain propre, de manière à toujours conserver son public et à n'altérer ni son caractère ni ses traditions.

On sait qu'il y a eu là de vraiment grands comiques, entourés d'une renommée universelle, européenne. Le roi de Prusse, après avoir quitté Paris à la suite des événements de 1815, ne regrettait rien tant au monde que sa loge grillée des Variétés, où il se vantait d'avoir eu de si bonnes soirées de ce gros et franc rire auquel les têtes couronnées ont si rarement l'occasion de s'abandonner.

Le théâtre des Variétés a eu pour fondatrice une comédienne du siècle dernier, mademoiselle Montansier, qui fut une grande spéculatrice et fit bâtir dans Paris plusieurs salles de spectacles.

Cette comédienne, qui avait épousé l'acteur Bourbon-Neville, et que le public continuait à désigner sous son nom de fille, avait fait l'acquisition d'un petit théâtre situé à l'extrémité de l'une des galeries du Palais-Royal, et que l'on appelait le *théâtre des Beaujolais*.

Ce théâtre changea de nom en 1790, et s'appela le *théâtre des Variétés*. On y jouait à la fois l'opéra comique, la comédie et la farce.

Ce dernier genre domina bientôt tous les autres, et fut mis en possession à peu près exclusive du théâtre que dirigeait mademoiselle Montansier. Il faut dire que sa troupe venait de s'enrichir de deux acteurs qui s'étaient déjà fait une grande réputation sur le théâtre de la Cité. Ces deux nouveaux sujets, destinés à faire souche et à fonder cette longue génération de comiques que nous voyons se perpétuer encore aujourd'hui, s'appelaient Tiercelin et Brunet.

Quiconque a vu Tiercelin s'empresse de déclarer que jamais comédien n'a rendu avec plus de vérité et de franchise certains personnages populaires empruntés aux halles et aux carrefours. C'était à propos de lui qu'on disait qu'*on se grattait* après l'avoir vu dans quelques-unes de ses créations.

Quant à Brunet, tout le monde sait ce qu'il a été; n'a-t-il pas eu d'ailleurs la gloire de créer un type qui est resté, qui est devenu une espèce de rôle proverbial non-seulement au théâtre, mais dans la vie ordinaire, celui des *Jocrisses*, qu'on a si souvent imité, reproduit, et sur lequel vivent encore à l'heure qu'il est tant d'acteurs comiques, qui ne sont pas autre chose que la reproduction, les ombres de Brunet.

La jalousie du Théâtre-Français força le théâtre des Variétés à s'éloigner du Palais-Royal. Mademoiselle Montansier obtint l'autorisation de transporter ses joyeux pénates sur le boulevard Montmartre, où elle fit bâtir une nouvelle salle, qui est celle que nous voyons aujourd'hui : l'ouverture de cette salle eut lieu en 1808. C'est sur cette scène qu'on représenta les principaux Jocrisses; telle était la vogue populaire du célèbre niais, entré d'ailleurs pour une part dans la direction, que souvent nos pères, pour annoncer qu'ils se rendaient au théâtre des Variétés, avaient pris l'habitude de dire qu'ils allaient *chez Brunet*.

Potier parut bientôt, Potier le plus réellement comique peut-être de tous les acteurs, si on le mesure à sa renommée et aux souvenirs qu'il a laissés dans l'esprit de tous ceux qui l'ont vu, celui que Talma embrassait avec transport après une de ses représentations, en lui déclarant qu'il était le premier comédien du monde.

Avec Potier, le théâtre des Variétés vit encore s'accroître la vogue dont il jouissait : on fut forcé de classer au-dessus des farces proprement dites plusieurs pièces, telles que le *Ci-devant Jeune Homme*, le *Solliciteur*, *Werther*, que l'acteur rendait avec un talent si supérieur.

Le jeu de Potier a été analysé trop souvent pour qu'il soit nécessaire de rappeler tout ce qu'il y avait à la fois de risible et de profond dans le masque, le jeu, la moindre inflexion de voix, les improvisations merveilleuses, les *speack* au parterre de cet homme que la nature avait créé divertissant et bouffon des pieds à la tête.

Quand Potier eut disparu, on vit se produire deux artistes qui étaient grands aussi à leur manière : Vernet et Odry, que l'éclat d'une réputation supérieure avait condamnés jusqu'alors à rester dans le demi-jour.

Vernet est notre contemporain, et la plupart des personnes qui nous lisent l'ont applaudi sans doute. Elles savent donc combien son jeu était franc et naturel et tout ce qu'il a su répandre de gaieté communicative, de verve et souvent même de sensibilité dans le *Père de la Débutante*, *Madelon Friquet*, *Prosper et Vincent*, la *Grisette mariée*, etc.

Quant à Odry, il suffit de le nommer pour rappeler un des meilleurs souvenirs de gaieté, de bonne humeur et de gros rire que l'on ait pu conserver. Odry a été un comique d'autant plus marquant qu'il n'a pas toujours puisé exclusivement dans la charge et la convention, comme la plupart des bouffons d'aujourd'hui, mais aussi presque toujours dans l'observation, la réalité qu'il ne perdait jamais de vue, même au milieu de ses saillies les plus fantasques et les plus audacieuses.

Il est superflu de rappeler toutes les créations d'Odry; il suffit de citer la dernière et peut-être la plus singulière, la plus surprenante de toutes, celle du fameux Bilboquet des *Saltimbanques*, qui a reçu, comme toutes les grandes créations d'acteurs, ce cachet du type populaire qui les empêche de s'évanouir avec l'homme et sert à baptiser toute une classe d'individus.

On vit se former autour d'Odry et de Vernet une pléiade burlesque où figurait la joyeuse Flore, actrice originale, douée d'un talent réel quand elle ne s'abandonnait pas trop aux écarts d'un comique exagéré; la colossale Vautrin, si bien placée dans les marchandes de pommes et les marchandes d'habits; Cazot surtout, l'héroïque Cazot, qui a représenté comme personne des sots importants d'une certaine allure, grand acteur de second plan qui fait rire encore de souvenir quand on se représente cette figure si gravement et si majestueusement bête.

La troupe actuelle des Variétés, sans valoir celle de la période d'Odry et de Vernet, ne laisse pas d'avoir un mérite réel et de posséder plusieurs sujets distingués qui sont bien dans la tradition du genre et s'inspirent heureusement des souvenirs de leurs modèles.

On voit avec plaisir, à ce théâtre, l'acteur Leclerc, qui est un comédien d'intelligence et de ressources, très-habile à rendre certains types prétentieux de la bourgeoisie, observés avec finesse et rendus avec beaucoup de franchise et de relief.

On applaudit aussi, sur cette même scène, Arnal, acteur encore très-remarquable, mais ayant le malheur d'être à lui seul tout un genre et de ne pouvoir

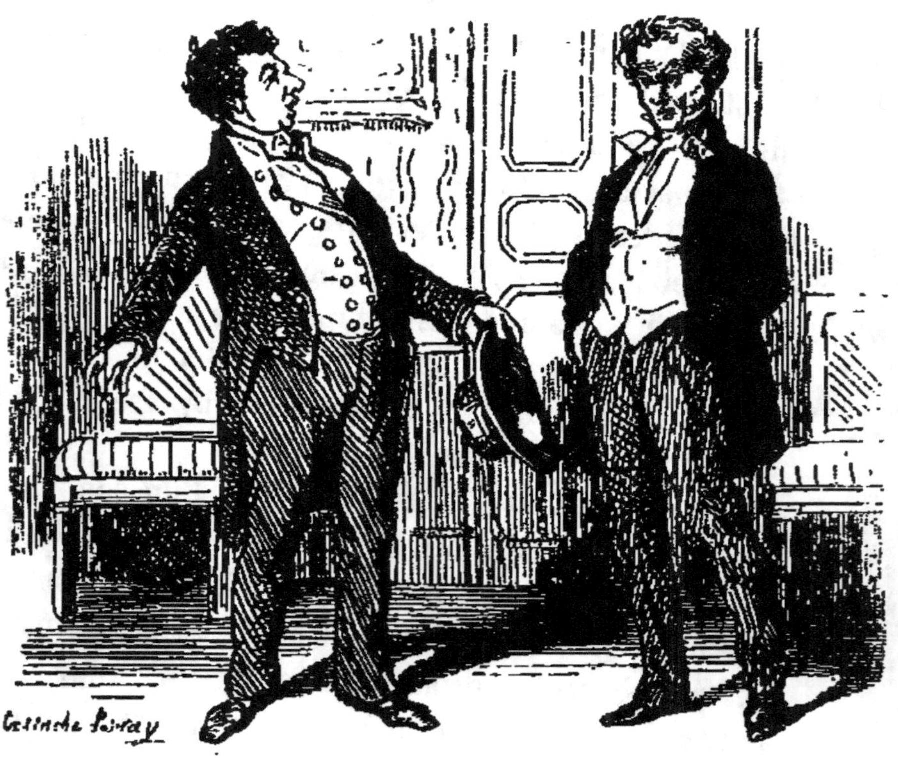

Arnal et Numa.

se classer dans le répertoire d'autrui, ce qui est toujours un grand inconvénient quand les illusions de la vogue cessent et que le comédien se trouve ne plus avoir assez d'actualité et de jeunesse pour remplir le cadre par sa propre puissance.

Nous citerons également Numa, qui n'est, hélas! plus jeune, ainsi qu'Arnal, et n'a jamais eu, d'ailleurs, mal gré son incontestable talent, cette fougue de comique qu'Odry avait gardée jusque dans ses dernières années.

Il serait injuste d'omettre les noms des jeunes artistes qui ont déjà su se faire remarquer dans certains rôles, tels que Charles Percy, qui ne manque ni de talent ni de vérité dans l'emploi des jeunes ouvriers; Lassagne, bonne copie d'Odry, jeune acteur qui deviendra certainement un vrai comique s'il peut varier un peu ses intonations et surtout ne pas se considérer déjà comme un comédien arrivé; Kopp, qui reproduit avec bonheur quelques côtés du jeu de Vernet.

Nous citerons parmi les femmes mademoiselle Boisgontier, joyeuse et franche commère qui, sans valoir Flore, ne laisse pas de déployer dans certains rôles beaucoup de verve et de gaieté communicative; mademoiselle Virginie Duclay, comédienne intelligente et gracieuse; mademoiselle Ozy, dont on a vanté si souvent l'élégance, mais qui n'a jamais pu sortir jusqu'à présent de cette ligne des *comédiennes-camélias*, dont le public d'aujourd'hui est bien saturé; et enfin mademoiselle Déjazet qui, de loin en loin, fait une apparition sur la scène de ce théâtre comme pour prouver qu'elle n'a rien perdu de sa verve incomparable et de cette malice charmante qu'elle a toujours su mettre dans son jeu.

Malgré tant d'éléments de succès, le théâtre des Variétés, depuis bien longtemps déjà, n'a pas eu de veine heureuse. — La faute en est donc aux auteurs.

Ce théâtre est situé boulevard Montmartre, à côté du passage des Panoramas.

PRIX DES PLACES :

INDICATION DES PLACES.	BUREAU.	LOCATION.
Avant-scènes du rez-de-chaussée.	6 f. » c.	7 f. » c.
Avant-scènes des premières.......		
Stalles d'orchestre..............		
Balcon...........................	5 »	6 25
Loges de la galerie..............		
Orchestre		
Première galerie.................	4 »	5 »
Deuxièmes loges de face..........		
Loges intermédiaires.............	3 »	4 »
Deuxièmes loges de côté..........	2 50	3 »
Pourtour.........................	2 50	3 »
Parterre.........................		
Deuxième galerie.................	2 »	2 50
Troisièmes loges.................		
Deuxième balcon..................	1 50	» »
Premier amphithéâtre.............	1 25	» »
Second amphithéâtre..............	» 75	» »

XII. — THÉATRE DU GYMNASE.

Nous avons eu déjà occasion, en parlant du théâtre du Vaudeville, de dire quelques mots de la fondation du théâtre du Gymnase.

Nous avons vu que M. Delestre-Poirson, homme de lettres ayant pris une part de collaboration dans quelques pièces heureuses, mais surtout homme de spéculation et de bon calcul, avait fait bâtir une nouvelle salle sur le boulevard Bonne-Nouvelle ; M. Poirson avait entraîné avec lui plusieurs acteurs de la troupe du Vaudeville, et surtout (acquisition bien autrement importante!)

M. Scribe, qui s'engageait par traité à ne plus travailler désormais que pour la scène du Gymnase.

Toutefois, le nouveau théâtre commença par certains tâtonnements, et n'arriva pas de prime-abord à ce genre spécial que l'on a surnommé depuis à juste titre *genre du Gymnase*, attendu qu'il représente par lui-même une branche particulière d'invention, de littérature et de mœurs.

Le Gymnase dut ses premiers succès à Perlet, acteur d'un vrai talent que l'on a peut-être posé trop haut, attendu qu'il n'a presque jamais rendu que des caricatures et des rôles de convention. Perlet commença à attirer la foule dans *le Gastronome sans argent*, *le Bureau de loterie*, *le Secrétaire et le Cuisinier*, etc.

Ensuite vint la petite Léontine Fay, qui s'est fait depuis une certaine réputation, mais bien inférieure à celle de ses jeunes années, sous le nom de madame Volnys. Le public d'alors, beaucoup plus naïf assurément et plus confiant que celui d'aujourd'hui, croyait encore, en fait de théâtre, aux succès d'enfants. On se figurait trouver une véritable et grande comédienne dans une petite mécanique humaine haute de trois pieds, qui minaudait, gesticulait, chantait des rôles nécessairement ancrés dans sa jeune intelligence par des procédés purement mnémotechniques.

Le Gymnase Dramatique, malgré certains succès obtenus dans des genres divers, n'avait donc pas encore trouvé sa voie. M. Scribe n'avait pas pris son essor, bien qu'il eût déjà écrit pour l'acteur Gontier une pièce intitulée *le Colonel*, qui devait servir de patron à tant d'autres vaudevilles du même genre. Dieu sait le nombre de colonels qui devaient avoir par la suite à chanter le couplet et à faire rutiler leur épaulette sur la scène du Gymnase!

M. Scribe comprit, en homme d'infiniment d'esprit et d'habileté, qu'il y avait toute une portion de la société restée jusqu'alors presque en dehors des théâtres, que l'on pouvait attirer avec beaucoup d'avantage, à l'aide d'un certain procédé de littérature et de comédie.

Cette classe était celle des jeunes filles, des nouvelles mariées, des jeunes époux, des représentants d'une classe spéciale de la société qui adopterait nécessairement un théâtre où elle verrait représenter la *pièce-salon*, le petit drame larmoyant, le reflet exact de ses idées, de ses mœurs, de tout ce qu'elle sentait et éprouvait tous les jours.

On applaudit successivement *le Baiser au porteur*, *la Marraine*, *la Demoiselle à marier*, *les Premières amours*, *Camille*, *Michel et Christine*, etc. Dès lors, le Gymnase Dramatique fut considéré comme le théâtre de la bonne compagnie, celui où les gens comme il faut pouvaient venir en toute sûreté, sans crainte de se voir contrariés dans leurs idées, ni critiqués dans leurs principes.

Le directeur, M. Delestre-Poirson, dut à de hautes protections de pouvoir mettre son théâtre sous le patronage direct de la duchesse de Berry. Le théâtre changea son nom primitif pour celui de *Théâtre de Madame*, qu'il conserva jusqu'à l'époque de la révolution de 1830, qui le força à revenir brusquement à son ancien nom.

Le *Théâtre de Madame* ne pouvait manquer de voir s'accroître encore, sous son nouveau titre, le succès de distinction et de vogue élégante dont il se trouvait déjà en possession. Bientôt M. Sribe donna son *Mariage de raison*, petit drame, qui n'est autre chose que la déification de l'égoïsme, très-habile du reste à un certain point de vue, mais au fond ni bien passionné ni bien moral : nos petits-neveux auront peine sans doute à s'expliquer son immense réussite.

Le Mariage de raison représente l'apogée du succès et pour le talent de M. Scribe, et pour le théâtre auquel il s'était voué exclusivement avec tant de bonheur. L'auteur du *Mariage de raison* n'eut plus qu'à produire pour se voir applaudi de confiance par ce public qu'il s'était fait et qui s'était constitué son client spécial.

Après *le Mariage de raison* on applaudit *le Mariage d'inclination*, qui n'était que la suite de la même thèse reprise sous une autre forme; puis *Yelva, la Lune de miel, le Diplomate, les Mémoires d'un colonel de hussards, la Seconde année*, et une foule d'autres pièces qui engendrèrent une suite non interrompue de succès si profitables et pour le théâtre et pour l'auteur.

La révolution de 1830 affaiblit sensiblement la vogue du Gymnase et celle du théâtre de M. Scribe. L'auteur de tant de jolies comédies en deux actes se mit à travailler activement pour l'Opéra, pour l'Opéra-Comique, surtout pour le Théâtre-Français, où il fit représenter plusieurs ouvrages en cinq actes, toujours marqués au coin de son habileté et de son talent, mais qui n'étaient, le plus souvent, que ses anciens vaudevilles présentés dans un cadre plus large et parfois moins heureux.

M. Scribe ne retrouva plus qu'à de rares intervalles ses anciens succès sur la scène du Gymnase. Il eut encore de temps à autre de gracieuses inspirations telles que *la Pensionnaire mariée, les Malheurs d'un amant heureux*; mais le goût du public avait changé, le nouveau drame, avec ses émotions fortes et ses puissants effets, étouffait en grande partie cette demi-littérature aux petits moyens et aux petits ressorts, ce théâtre à fleur de peau qui avait excité tant d'enthousiasme sous la Restauration, à l'époque de sa nouveauté.

Le directeur du Gymnase, M. Delestre-Poirson, eut une brouille avec la Société des auteurs dramatiques, qui crut devoir mettre le théâtre en interdit. Toutes les pièces reçues ou celles qui composaient le fonds du répertoire furent retirées à la fois. Pendant deux années, M. Delestre-Poirson n'eut d'autres ressources que celles des auteurs nouveaux ou totalement inconnus qui ne parvinrent pas à combler les lacunes laissées par les ouvrages que l'association des auteurs avait cru devoir retirer en masse.

Ces deux années exercèrent une influence funeste sur les destinées du Gymnase. Le public s'en éloigna, et on sait combien il est difficile de ramener le public, une fois qu'il a perdu le chemin d'un théâtre.

Cette salle autrefois si remplie et qui avait assisté à une si longue suite de succès, devint un véritable désert où l'on ne rencontrait plus que quelques vieux habitués qui venaient occuper leurs stalles, par un reste de tradition et de culte pour un spectacle où ils avaient trouvé autrefois de si douces soirées.

Le Gymnase Dramatique eut donc comme tous les autres théâtres sa période de décadence et même de désastre; on parla un moment de clore les portes et de licencier la troupe.

Il ne fallut rien moins que l'activité et la foi de M. Montigny, ancien acteur de l'Ambigu, qui avait eu pendant un temps la direction de la Gaîté, pour ramener le Gymnase à des jours meilleurs et le tirer de la situation désespérée où il se trouvait.

M. Montigny, en prenant la direction du Gymnase, commença par se réconcilier avec l'Association des auteurs, dont l'éloignement avait eu de si fâcheux effets pour les précédentes administrations, non pas tant peut-être à cause des pièces retirées que par l'impression morale produite sur le public.

Toutefois, M. Montigny eut encore des temps critiques à traverser. Il se vit plus d'une fois à deux doigts de sa ruine, et eut besoin d'une force de volonté réelle pour ne pas abandonner la partie. Son premier succès lui vint non pas des vaudevillistes de profession, mais d'un romancier très-célèbre, de Balzac, à qui il n'a manqué peut-être qu'une plus longue vie pour trouver au théâtre quelques-uns de ces nombreux succès qu'il a obtenus comme romancier.

La pièce que Balzac avait léguée au Gymnase s'appelait *Mercadet*; elle attira la foule pendant longtemps, et l'on put croire que le théâtre était enfin désensorcelé. *Mercadet* offrait la peinture exacte et bien observée d'un certain type d'aventuriers financiers, de spéculateurs éhontés dont nous avons malheureusement les modèles tous les jours sous les yeux.

Après *Mercadet*, le théâtre du Gymnase se trouva dans une voie décidément meilleure. Le public lui revenait graduellement : la direction comprit que si elle n'avait plus la partie aussi belle que du temps de M. Scribe, elle pouvait encore faire de bonnes campagnes et trouver d'honorables réussites en s'adressant à une certaine littérature distinguée qui, si elle n'était pas précisément très-scénique ni très-saisissante, avait du moins le mérite de n'être pas fatiguée, épuisée comme l'art purement mécanique des anciens faiseurs.

C'est ainsi qu'on a vu George Sand, MM. Émile Augier, Alexandre Dumas fils, faire représenter sur la scène du Gymnase plusieurs pièces qui offraient de très-louables efforts de style et d'invention que le public a su du reste convenablement apprécier. Il faut dire pourtant que le succès le mieux marqué et le plus réellement populaire de la période actuelle a été le *Fils de Famille*, pièce de vaudevilliste s'il en fut, réalisant toutes les conditions du genre, et qui n'a pas laissé de remplir la salle pendant tout un hiver. Bayard, dont le talent ne s'est jamais élevé, quoi qu'on ait pu dire, au-dessus de la pièce de facture, n'avait jamais été mieux inspiré que dans cette pièce-là. Il avait trouvé le secret de faire rire le public du Gymnase sans sortir des conditions du genre, ce qui sera toujours un problème difficile et que l'on ne résoudra même qu'à de rares intervalles.

On a toujours cité la troupe du Gymnase comme la plus habile et la plus complète, après celle du Théâtre-Français bien entendu. Il est certain qu'on s'est attaché en général à jouer la comédie sur cette scène avec un goût et un soin que l'on ne rencontre pas toujours ailleurs.

Nous avons déjà cité plusieurs des comédiens de l'ancienne époque du Gymnase. Gontier, *le mauvais sujet* par excellence des pièces de M. Scribe; Bernard-Léon, qui a fait sa réputation au Gymnase: Paul, qui possédait surtout un talent extérieur dans le genre de celui de Laferrière; madame Volnys, le vrai type de l'actrice larmoyante et fébrile; madame Allan, qui est ce qu'on peut appeler une comédienne-née, ayant à la fois le don du omique et de la sensibilité, comme toutes les véritables actrices; enfin, Ferville, qui a représenté avec une perfection si rare les vieux généraux, les figures militaires du temps de l'Empire,

Plus tard est venu le succès de Bouffé, qui a obtenu une grande vogue dans le *Gamin de Paris*, la *Fille de l'Avare*, *Pauvre Jacques* et une foule d'autres pièces sentimentales que les faiseurs qui forcent toutes les nuances et exagèrent les mauvaises tendances du public ont eu bien soin de tailler non pas dans les qualités, mais, comme ils disent, dans les *défauts* du comédien.

Le talent de Bouffé est celui qui a excité peut-être le plus de controverses et éveillé les impressions les plus opposées. Les uns ont mis l'acteur aux nues et ont voulu reconnaître en lui le plus original et le plus puissant de tous les artistes; d'autres ont déclaré ne pouvoir le voir jouer qu'avec un sentiment de malaise réel et l'ont considéré comme un type fatigant de minutie, d'agitation vétilleuse et crispée.

Il y a sans doute un milieu à prendre entre ces deux opinions. Bouffé est un comédien d'un mérite incontestable. On n'arrive pas à intéresser tout un public comme il l'a fait, à se créer une popularité sans être doué de qualités très-réelles. On peut ne pas aimer le jeu de Bouffé, qui n'a en effet par lui-même rien de bien attrayant ni de bien récréatif, mais on doit lui rendre justice du moins comme à un effort de patience et de travail. Bouffé n'est et ne sera jamais qu'un comédien de genre, attendu qu'on ne le suppose guère en dehors du cadre des rôles écrits spécialement pour lui, mais c'est un comédien de genre d'un ordre relevé, un *Flamand* héâtral, comme on l'a dit, un homme qu'il faut voir jouer souvent à la loupe et avec une attention extrême.

La troupe actuelle du Gymnase est composée de comédiens intelligents et zélés, dont on aurait tort pourtant de vouloir trop grossir l'importance et le mérite.

On y compte madame Chéri-Montigny, qui a obtenu sous le nom de Rose Chéri de grands succès de charme

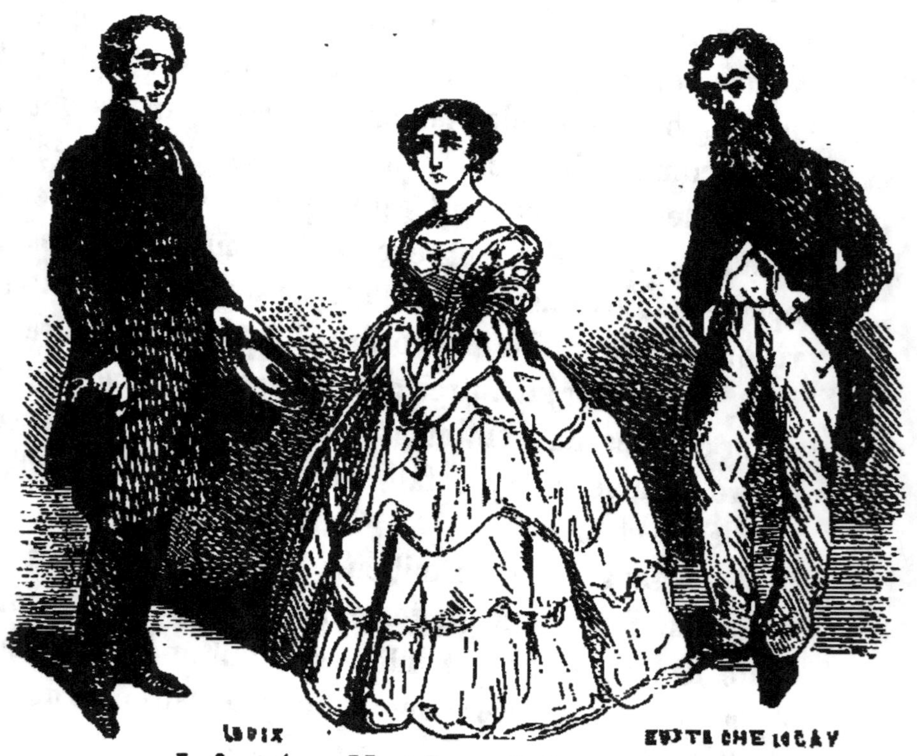

Lafontaine, Mme Rose Chéri et Lesueur.

et de jeunesse. Madame Chéri-Montigny possède aujourd'hui un talent incontestable qui manque peut-être un peu de nerf et d'ardeur, mais qui n'en a pas moins beaucoup de goût et de distinction.

Il faut citer à côté de madame Chéri-Montigny, Geoffroy, qui a créé le rôle de Mercadet avec tant de relief et de naturel; Lafontaine, jeune acteur chaleureux, ardent, qui n'a pas encore bien trouvé son cadre; Berton, venu récemment de Russie, qui a remplacé Bressant et ne l'a pas fait oublier; Lesueur, qui, sans être un grand acteur comique comme on le dit trop souvent, est sans contredit un excellent grime, plein de physionomie dans certains rôles accessoires; mais avec son masque, son organe, tout l'ensemble de son talent, il ne saurait prétendre jamais aux premiers rôles.

Terminons en disant que le Gymnase, par le genre des pièces qui s'y donnent, est devenu pour un certain public presque une nécessité. Ces petits scandales d'intérieur coquettement représentés ont un charme sans pareil, surtout pour les femmes; les mères ne craignent pas d'y conduire leurs filles, et cependant il n'est pas paradoxal de dire que le drame de la Porte-Saint-Martin, avec ses allures brutales et ses crudités violentes, a été moins dangereux pour les mœurs que le petit drame du Gymnase. Faisons exception pour les pièces données sur ce théâtre par madame Sand, et sur lesquelles notre reproche ne peut tomber. *Le Mariage de Valentine, le Démon du foyer, le Pressoir, Flaminio*, toutes ces œuvres pleines d'un sentiment noble et délicat, dépourvues des mesquineries ordinaires, sont plutôt faites pour élever l'âme que pour lui nuire. C'est une musique suave qui rafraîchit et laisse une impression s'effaçant avec peine. — Le théâtre du Gymnase est situé boulevard Bonne-Nouvelle.

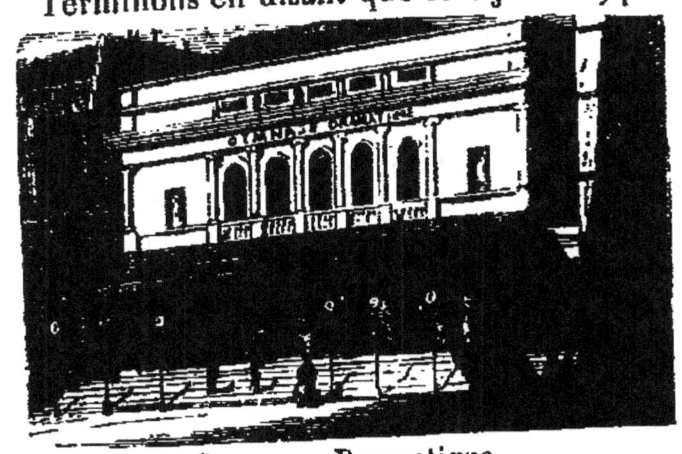

Gymnase-Dramatique.

PRIX DES PLACES :

INDICATION DES PLACES.	BUREAU.	LOCATION.
Avant-scènes	6 f. » c.	8 f. » c.
Loges de galerie ou d'entre-sol	5 »	7 50
Fauteuils d'orchestre Fauteuils de balcon	5 »	6 »
Fauteuils de galerie Premières loges fermées Baignoires Stalles d'orchestre	4 »	5 »
Premières loges découvertes	3 »	4 »
Stalles d'amphithéâtre	2 50	3 »
Secondes loges de côté	2 »	2 50
Troisièmes loges	1 25	» »
Deuxième galerie	1 »	» »
Parterre	2 »	» »

XIII. — THÉATRE DU PALAIS-ROYAL.

Le théâtre du Palais-Royal est le berceau d'une certaine bouffonnerie toute de fantaisie et d'excentricité, qui n'est ni le genre frondeur et malicieux qu'exploitait autrefois le Vaudeville, ni le genre de gaieté et d'observation populaire dont le monopole est toujours resté au théâtre des Variétés.

Le Théâtre du Palais-Royal a constamment navigué entre ces deux genres et a su trouver une veine de succès qui, pour s'être un peu ralentie depuis quelque temps, n'en est pas moins très-réelle et très-productive.

Nous avons vu précédemment que l'ancienne petite salle dite des Beaujolais avait été achetée par mademoiselle

Montansier, qui avait commencé par y établir le théâtre des Variétés, dont les talents réunis de Brunet et de Tiercelin avaient fondé la renommée.

Quand les acteurs du théâtre des Variétés furent forcés de quitter le Palais-Royal et d'aller planter leur tente au boulevard Montmartre, la salle Beaujolais fut exploitée successivement par des spectacles d'un genre divers. On y vit à tour de rôle des enfants qui jouaient la comédie, des danseurs de corde, jusqu'à des chiens savants.

Plus tard, on convertit la salle en café dramatique. On y représentait des vaudevilles à deux ou trois personnages que l'on avait le droit de regarder moyennant une consommation qui devait être renouvelée à certaines heures de la soirée. C'était, comme on le voit, la méthode des cafés chantants actuels appliquée au théâtre.

L'ancienne salle Beaujolais avait donc donné asile à un café-comédie appelé *Café de la Paix*, quand un acteur du Gymnase, Contat-Desfontaines, connu au théâtre sous le nom de Dormeuil, s'associa avec M. Charles Poirson, le frère du directeur du Gymnase, et résolut de bâtir un nouveau théâtre dans le local occupé par le Café de la Paix.

M. Dormeuil, médiocre acteur, mais homme d'expérience et d'un bon coup d'œil dans les affaires, comprit qu'il y avait toujours une place et une bonne place à prendre pour un théâtre d'un genre facile et joyeux, situé dans le centre des restaurants, à la portée des dîneurs et des étrangers, qui ne demandent pas mieux que de savourer dans leur après-dîner un peu de ce bon gros rire qui favorise si bien la digestion.

Le théâtre ouvrit en 1831 par une pièce prologue intitulée : *Ils n'ouvriront pas*. Dans ce prologue, mademoiselle Déjazet, sortie récemment du théâtre des Nouveautés, et qui devait faire éclore sur la scène du Palais-Royal tant de succès gracieux et populaires, adressa au public, sous le costume d'une grisette, le couplet suivant, qui terminait la pièce :

Tous les théâtres en ce moment
Ont besoin d'indulgence
Un premier pas est si glissant
Que nous tremblons d'avance,
Applaudissez au dénouement
Pour que cela commence gaiment,
Pour que cela commence.

On vit figurer dans cette même pièce Regnier, très-jeune alors, qui devait plus tard figurer avec honneur dans la troupe du Théâtre-Français ; Regnier remplissait avec beaucoup de gaieté dans le vaudeville d'ouverture le rôle d'un jeune lion criblé de dettes, poursuivi par ses créanciers, et qui n'avait plus pour asile que les arbres du jardin du Palais-Royal.

Samson, brouillé momentanément avec le Théâtre-Français, faisait aussi partie de la nouvelle troupe et joua certains rôles de vaudeville avec son intelligence ordinaire, mais non pas avec cet emportement de verve et de gaieté que le genre nécessite.

On remarquait dans la troupe du Palais-Royal Lepeintre aîné, encore assez jeune alors pour briller dans les rôles de troupiers et certaines caricatures qui avaient fait sa réputation; Philippe, autre vieille connaissance des amateurs du vaudeville, le chanteur et le *brûleur* par excellence; puis de jeunes comiques qui n'étaient pas encore ce qu'ils devaient être par la suite : Sainville s'ignorant lui-même et cherchant sa place dans les Gontier, qui commençaient à passer de mode; Boutin, qui a créé avec tant de succès, aux Boulevards, certains rôles populaires; Paul, très-bon niais que la Russie nous a enlevé bientôt; Alcide Tousez, l'acteur le plus naïf, le plus naturellement comique peut-être que l'on eût vu depuis Brunet; il arrivait du Théâtre-Montparnasse et allait bientôt se faire une renommée.

Cependant le théâtre du Palais-Royal n'entra pas de prime-abord dans la charge et la grosse gaieté qui devait plus tard composer son domaine essentiel et la base principale de son répertoire. Mademoiselle Déjazet, si éveillée, si pétillante, chantant avec tant d'entrain le couplet de vaudeville, devint une de ces comédiennes à succès et à recettes qui impriment à tout un théâtre le genre de leur talent.

On avait reconnu que mademoiselle Déjazet portait à ravir le costume masculin; les faiseurs, qui sont préoccupés avant tout, non pas tant de ce qui réussit que de ce qui a réussi, se mirent à composer pour l'actrice en vogue, des quantités innombrables de rôles de petits jeunes gens imberbes.

On inventa une foule de *Vert-vert*, de *Triolet bleu*, puis des personnages historiques, les *Richelieu*, les *Lauzun*, les *Létorière*, toutes ces figures amphibies qui n'ont jamais été que le décalque du personnage de Chérubin, que Beaumarchais a eu le bon esprit de ne montrer que dans une seule scène, ou plutôt dans un seul tableau. Rien ne fatigue à la longue comme ces transpositions de personnages, ces carnavals des sexes. Que le comédien reste comédien, la comédienne comédienne; c'est encore le mieux pour tout le monde, acteurs et public.

Après avoir eu des myriades de *Déjazets*, comme on avait eu ailleurs des *Bouffés* et des *Arnals*, la direction du Palais-Royal crut pouvoir se passer du talent de l'actrice, soit pour ne pas céder à des exigences devenues par trop élevées, soit que le genre commençât à vieillir et à se faner, comme il arrive du reste fatalement à toutes les choses de convention.

Ce fut à l'époque de la retraite de mademoiselle Déjazet que le théâtre du Palais-Royal commença à cultiver tout à fait spécialement la charge, la pièce gaie jusqu'à l'extravagance, qui n'avait été encore qu'un accessoire de son répertoire courant. On abandonna les pièces à poudre ou à couplets et à hautes prétentions musicales, que l'acteur Achard avait mises à la mode, pendant un certain temps, de concert avec mademoiselle Déjazet.

On vit se dessiner plusieurs comiques excellents qui étaient jusqu'alors restés dans l'ombre : Sainville, le premier de tous, l'acteur hardi et communicatif par excellence, le créateur d'un certain type de bourgeois lyrique, fantasque et adorablement sot, dont il a malheureusement emporté le secret avec lui.

On vit en même temps se lever à l'horizon l'astre de Grassot, Grassot qui a été plus encore qu'il ne l'est à présent bizarre et divertissant jusque dans ses moindres gestes, jouant ses rôles purement de fantaisie et d'invention, mais souvent avec de si heureuses trouvailles burlesques qu'il n'y a guère de sang-froid au monde qui puisse tenir devant certaines allures de cette imcomparable marionnette.

Au-dessous de ces deux acteurs on remarque Ravel, acteur de talent, mais plein de contraintes, de recherches, comique laborieux et fébrile, qui occupe plus encore qu'il ne fait vraiment rire, et ayant eu le tort d'ailleurs de se faire créer un emploi spécial qui s'appelle *les Ravel*, en terme de métier, c'est-à-dire toujours le même jeune original qui s'agite, grimace avec épilepsie, lance une

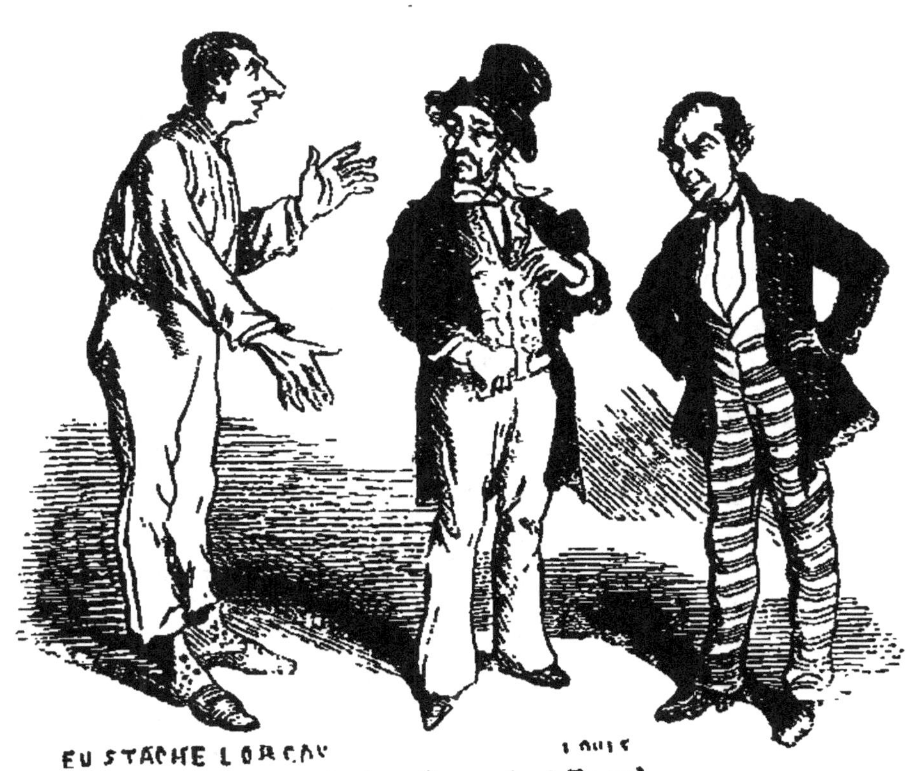

Hyacinthe, Grassot et Ravel.

foule de choses prétentieuses, et finit par être aimé de plusieurs très-jolies femmes. Ces sortes d'emploi-là sont assurément la plaie et la plus forte condamnation du genre du vaudeville.

On remarqua aussi, à la même époque, Levassor, très-habile chanteur de chansonnettes, acteur guindé, qui est surtout bien placé dans les rôles d'Anglais et dans certaines caricatures spéciales.

La troupe du Palais-Royal, malgré la perte si regrettable

qu'elle a faite dans la personne de Sainville, est encore très-riche aujourd'hui; elle possède, outre les comédiens que nous venons de citer, Hyacinthe, véritable acteur, qui a surtout pour lui le naturel, cette première vertu du comique; Amant, très-bonne ganache; Luguet, dont on aime la rondeur originale et joyeuse; mademoiselle Aline Duval, qui joue certains rôles de demoiselles émancipées avec un entrain qu'on ne peut pas considérer toujours comme la marque absolue du bon goût, mais qui ne laisse pas d'agir sensiblement sur un public dont la prétention n'est pas, comme on le pense bien, d'être très-prude ni précisément collet-monté.

Le théâtre du Palais-Royal est situé dans le Palais-Royal, sur le même rang que les principaux restaurants.

La salle est fort petite; on est obligé de baisser la tête pour parvenir à certaines places qui ne sont cependant pas les dernières du théâtre. On a tiré parti autant que possible d'un terrain exigu, qui n'offrait pas à l'architecte de grandes facultés de développement.

Là, plus encore que partout ailleurs, on fera donc bien de se munir de places à l'avance, et de ne pas courir les chances du bureau, si on veut être sûr de voir le spectacle d'une façon commode et convenable.

Nous avons dû constater la vogue presque constante obtenue par le Palais-Royal depuis sa fondation. Nous devons ajouter pourtant que ce théâtre songe depuis quelque temps, à se renouveler et à ne plus exploiter exclusivement la charge, qui s'use tous les jours. On parle de nouveaux acteurs, de nouveaux auteurs, en un mot, toute une révolution dont il sera curieux sans doute d'observer les effets.

PRIX DES PLACES :

(980 places.)

INDICATION DES PLACES.	BUREAU.	LOCATION.
Fauteuils de balcon...............	5 f. » c.	6 f. » c.
Avant-scènes, premières loges de face et de balcon...............	5 »	6 25
Fauteuils d'orchestre.............	5 »	6 »
Fauteuils d'amphithéâtre, avant-scènes des deuxièmes, deuxièmes loges de face, baignoires d'orchestre........................	4 »	5 »
Deuxièmes loges de côté, pourtour de rez-de-chaussée	2 50	3 »
Troisièmes loges, stalles des troisièmes..........................	2 »	2 50
Amphithéâtre des troisièmes et parterre..........................	1 50	» »

XIV. — THÉATRE DE LA PORTE-SAINT-MARTIN.

Nous connaissons déjà l'origine de la salle de la Porte-Saint-Martin ; nous avons vu précédemment que lorsque l'Opéra fut détruit par l'incendie en 1781, l'architecte Lenoir se chargea de construire en deux mois et demi la salle où s'est établi depuis le théâtre de la Porte-Saint-Martin.

Lorsque l'Opéra eut pris possession de son nouveau local, la salle construite par Lenoir resta fermée pendant plusieurs années. On la rouvrit pour y donner des ballets de genre et des pièces à spectacle de la nature de celle qu'on représente aujourd'hui à l'ancien Cirque du boulevard du Temple.

On accorda bientôt à la direction de la Porte-Saint-Martin l'autorisation de jouer le drame ou plutôt le mélodrame, car il n'était pas question de drame dans ce temps-là ailleurs que sur les grandes scènes.

Ce genre de mélodrame, qui obtint une si grande vogue sous l'Empire et sous la Restauration, fut cultivé avec beaucoup de succès sur le théâtre de la Porte-Saint-Martin.

Des pièces du genre sombre et terrible, telles que *le Vampire* et *le Solitaire*, remplirent la salle pendant des mois entiers. Il se fit même dans le mélodrame de grandes réputations de comédiens. L'acteur Philippe, qui a créé le rôle du Solitaire, et dont on ne se souvient plus guère actuellement, avait été surnommé le *Talma* du Boulevard. La popularité dont il jouissait était si grande, le parterre l'idolâtrait à tel point, qu'une émeute s'éleva à son convoi et que peu s'en fallut qu'une révolution n'éclatât parce qu'il était question de refuser à son corps l'entrée de l'église.

On a eu raison de classer la Porte-Saint-Martin dans un rang toujours fort supérieur à celui des autres scènes des Boulevards. Il est certain que ce théâtre a presque constamment visé à donner des pièces d'un ordre plus relevé que tout ce qui se représente d'ordinaire sur les scènes voisines. Casimir Delavigne n'a pas hésité à faire jouer à la Porte-Saint-Martin son *Marino Faliero*, qui y a produit autant d'effet, plus d'effet peut-être que s'il eût été représenté au Théâtre-Français.

MM. Alexandre Dumas et Victor Hugo ont donné sur cette scène leurs meilleures productions. Le théâtre de la Porte-Saint-Martin compte avec raison, au nombre de ses plus beaux titres, *Antony*, *Lucrèce Borgia*, *Marion Delorme*, *la Tour de Nesle*, *Richard d'Arlington*; et plus tard le *Toussaint Louverture* de M. de Lamartine, qui n'a pas été un grand succès de théâtre, mais qui n'en a pas moins représenté un véritable événement littéraire.

Du reste, la Porte-Saint-Martin n'a pas seulement exploité le drame; il a aussi représenté le vaudeville, le ballet, la grande féerie avec couplets et dialogue, dont le modèle sera toujours la fameuse parodie des *Petites Danaïdes*, ce succès si populaire et si prolongé, dû en grande partie au talent de Potier, qui a laissé des souvenirs ineffaçables dans le célèbre personnage du *Père Sournois*.

On ne peut guère parler de la Porte-Saint-Martin sans rappeler que les deux talents de comédiens les plus originaux et les plus saisissants de notre époque, Frédérick Lemaître et madame Dorval ont trouvé sur cette scène leurs plus beaux triomphes.

Frédérick Lemaître a réalisé à peu de chose près la perfection de l'acteur de drame, bien qu'il ait toujours eu contre lui une voix lourde, empâtée, qu'il n'a jamais pu émettre qu'avec un certain effort et qui a fini par le trahir tout à fait. Par combien de qualités incomparables n'a-t-il pas su racheter ce défaut! Énergie, sensibilité, ampleur, ironie, grâce, faculté du comique poussée au plus haut degré, on retrouvait tout dans le talent de cet artiste à part.

On peut regretter toutefois que Fredérick Lemaître ait consacré la meilleure partie de son temps et de ses efforts à faire valoir des pièces du dernier médiocre, telles que *le Joueur*, *la Dame de Saint-Tropez*, *la Fiancée de Lammermoor*, *Rochester*, etc. Le nom et le talent de l'artiste ont toujours gardé, de pareilles créations, quelque chose d'un peu vulgaire et excessif qui choquait parfois les gens d'un goût fin. Mais ce qui prouve bien la supériorité de l'artiste, c'est que toutes les fois qu'il a créé de vrais rôles taillés en pleine littérature et non plus en plein mélodrame, tels que *Ruy Blas*,

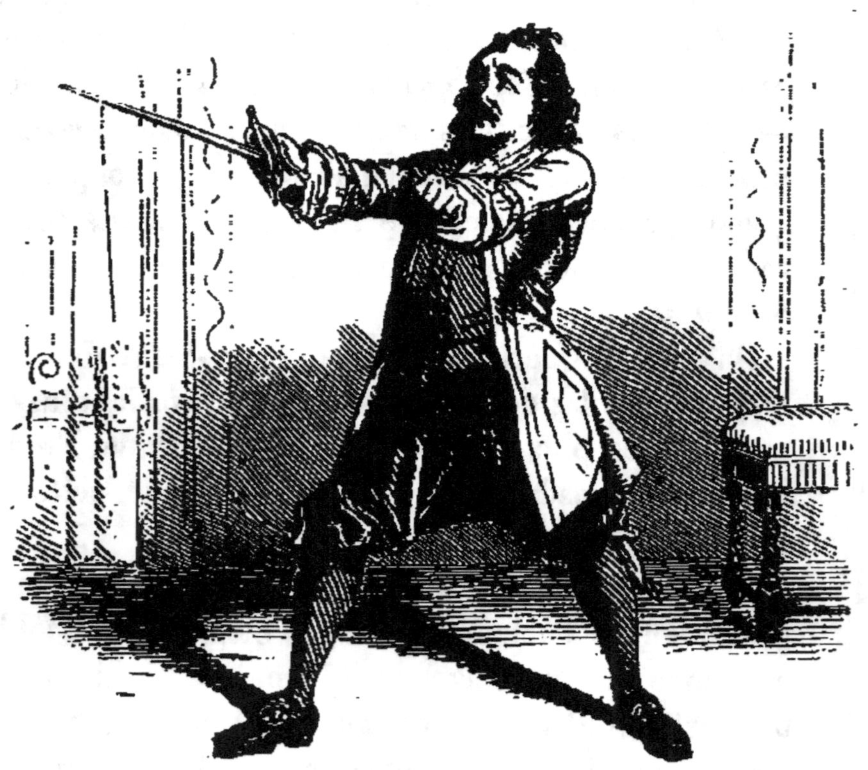

Frédérick Lemaître dans *Ruy-Blas*.

Richard d'Arlington, *Kean*, Duresnel de *la Mère et la fille*, il a su s'en acquitter en maître et traduire la pensée de l'auteur avec cette fidélité rigoureuse qui est la première loi du comédien.

Madame Dorval a été, elle aussi, un talent hors ligne.

Aucune femme n'a su déployer sur la scène plus de sensibilité vraie, de grâce touchante. Madame Dorval a atteint dans certains rôles, le comble du pathétique. On lui a reproché, ainsi qu'à Frédérick, de tomber parfois dans le vulgarisme; mais ce défaut tenait en elle à un certain entraînement, à une sorte de négligence dans le détail plutôt qu'aux instincts et aux habitudes du talent. Lorsque la situation la soutenait, on était sûr de la voir se placer à une grande hauteur. Quelle comédienne a su mieux qu'elle entraîner le public, l'émouvoir, le passionner, lui faire verser de ces larmes qu'elle-même répandait avec tant d'expression et de naturel ?

Le théâtre de la Porte-Saint-Martin d'aujourd'hui a conservé les errements de ses devanciers : il partage ses efforts entre le drame et la féerie. Son dernier grand succès en fait de pièces à machines a été *les Sept Merveilles du monde*, que l'on a considéré comme le *nec plus ultrà* de la magnificence des décors et de la mise en scène éblouissante. Il est vrai de dire qu'à chaque féerie nouvelle que présentent au public les théâtres des Boulevards on fait courir les mêmes bruits d'énormités de dépenses, de déploiements inouïs de luxe et de splendeur, etc. Les féeries représentent la pierre philosophale des directions théâtrales.

Parmi les talents de drame qui se trouvent aujourd'hui à la Porte-Saint-Martin, nous citerons Mélingue, véritable artiste dont le jeu plein de verve et de finesse est quelquefois cependant un peu forcé; son succès dans les *Mousquetaires* est devenu presque proverbial; Mélingue est grandement aimé du public, qui fait ici preuve de goût; madame Guyon, actrice du genre fier, énergique, puissant; elle a une certaine analogie avec mademoiselle

George, dont elle reproduit parfois la noblesse et l'ampleur. Madame Guyon a grand besoin que la littérature lui vienne en aide, car il est incontestable qu'elle se

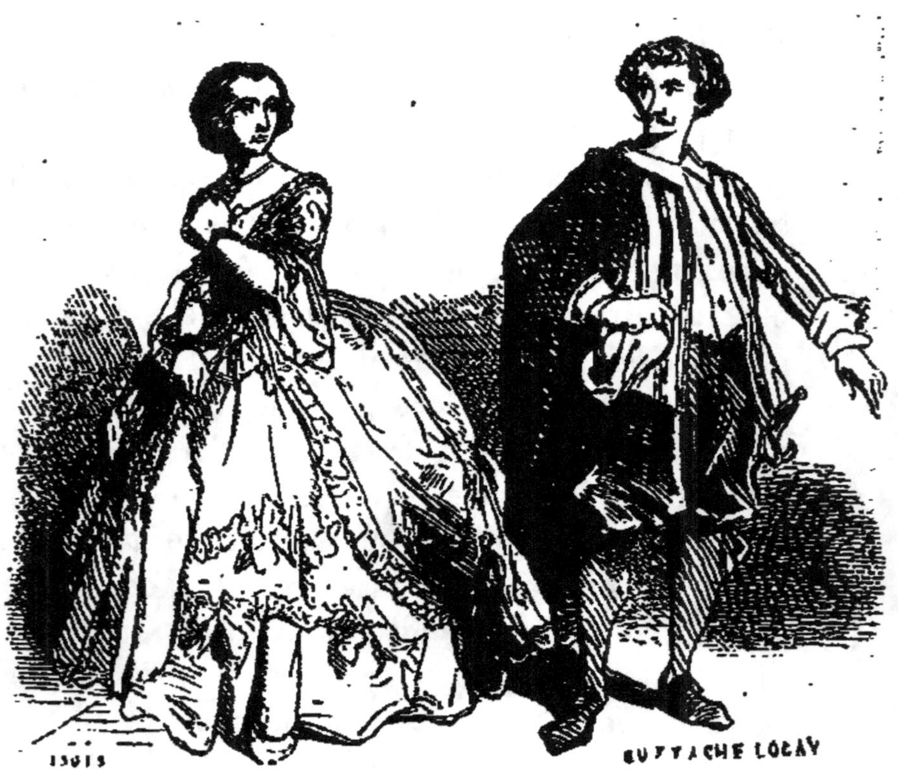

Mme Guyon et Mélingue.

perdrait par le mélodrame proprement dit, qui ne saurait plus avoir aujourd'hui d'action sur le public. Tout s'use à la longue, même les genres faux et communs.

Le théâtre de la Porte-Saint-Martin est situé boulevard Saint-Martin, près du fameux arc de triomphe élevé à la gloire de Louis XIV.

PRIX DES PLACES:

(2,069 places.)

INDICATION DES PLACES.	BUREAU.	LOCATION.
Avant-scènes du rez-de-chaussée et des premières	6 f. » c.	7 f. » c.
Premières loges de balcon Baignoires Avant-scènes des deuxièmes avec salon Loges de face du premier rang	5 »	7 »
Loges de la galerie Fauteuils de balcon d'avant-scène Fauteuils de balcon de face	4 »	6 »
Fauteuils d'orchestre	3 »	5 »
Stalles de la première galerie et d'orchestre Premières loges découvertes de la galerie	2 50	4 »
Stalles des secondes	2 »	2 50
Galerie et avant-scène des deuxièmes, et pourtour du rez-de-chaussée	1 50	2 »
Parterre	2 »	3 »
Premier amphithéâtre	1 50	» »
Deuxième galerie	1 »	» »
Deuxième amphithéâtre Galerie du cintre	» 50	» »

XV. — THÉATRE DE LA GAITÉ.

Le théâtre de la Gaîté est considéré comme le doyen des théâtres de mélodrame et des boulevards.

Il y a plus de cent ans qu'il existait sous le nom de *théâtre de la Gaîté* une scène vouée exclusivement aux danses de corde, aux jongleries. La troupe avait pour directeur le fameux Nicolet, qui a laissé un nom dans l'acrobatie.

Nicolet, outre ses danseurs de corde, eut un singe très-bien éduqué, très-intelligent, qui fit courir tout Paris, rien que par la manière dont il parodiait la feinte maladie du célèbre acteur Molé, qui se trouvait alors éloigné du théâtre par un caprice de comédien grand seigneur. Chacun voulut voir ce singe accoutré d'une robe de chambre et coiffé d'un bonnet de nuit, tant il est vrai qu'il faut souvent bien peu de chose pour amener le public!

Après les sauteurs et le singe savant, on vit paraître le fameux Taconnet, celui que Préville ne pouvait s'empêcher d'admirer, et qui a été le maître de Tiercelin dans les rôles de savetiers, d'ivrognes et de rempailleurs de chaises.

Ce fut sous la révolution que le théâtre de la Gaîté, profitant de la liberté qu'on venait de donner alors à toutes les entreprises dramatiques, commença à entrer dans la voie du drame larmoyant ou lugubre, dont le genre ne se trouvait pas précisément d'accord avec son titre. On donna à ce théâtre les *Victimes Cloîtrées*, *Brutus*, *Fénelon*, *Mélanie*, etc.

Le grand succès du théâtre de la Gaîté, au commencement de ce siècle, a été le *Pied de Mouton*, par Martinville. Cette féerie, qui a servi de modèle aux innombrables productions dans le genre fantastique-niais, est restée populaire et proverbiale comme les contes de la *Mère l'Oie*.

Nous enjambons par-dessus une longue et insignifiante période de mélodrames historiques ou de pure invention dont pas un ne mérite de sortir de l'oubli, pour arriver à la direction de M. de Pixérécourt, hommme de lettres singulier qui, avec une des plus belles bibliothèques du monde, s'est arrangé pour composer des pièces si fausees et si détestables. Tant il est vrai que ce ne sont pas toujours les bibliothèques qui font les gens de lettres!

A côté de la littérature de M. de Pixérécourt, on vit briller le fameux Marty, le type des comédiens vertueux et sensibles, l'homme du monde *qui bénissait le mieux*, comme a dit le personnage de l'*Auberge des Adrets*.

Il y eut alors de véritables succès populaires, entre autres *Polder ou le Bourreau d'Amsterdam*, très-mauvais drame, dont la vogue a été surtout établie par le passage où le bourreau, plutôt que d'exécuter son fils, aime mieux se faire couper le poing, et finit par montrer au parterre son bras enveloppé d'un linge ensanglanté.

Après avoir subi la direction de l'acteur Bernard-Léon, gros et vrai comique, qui eut la fatale idée de se faire directeur d'un théâtre de mélodrame, la Gaîté passa sous la loi de M. Montigny, le directeur actuel du Gymnase. C'est sous cette administration qu'on a représenté le *Sonneur de Saint-Paul*, un des plus grands succès du boulevard, le chef-d'œuvre du fameux M. Bouchardy, qui a rendu le drame populaire impossible peut-être à force d'accumuler dans un même cadre les effets et les combinaisons qui sont le fond et la vie de ce genre de pièces.

Ensuite est venue la *Grâce de Dieu*, la *Fanchon la Vielleuse* de notre temps, qui a été jouée pendant près d'une année consécutive.

Le théâtre de la Gaîté est aujourd'hui entre les mains de M. Hostein, homme d'intelligence et de volonté, qui lutte avec ardeur contre les conditions devenues de jour en jour plus ingrates des théâtres de mélodrame. On a représenté récemment les *Cosaques*, vrai succès qui ne s'est pas appuyé positivement sur la littérature et le style, mais qui n'a pas laissé d'être très-prolongé et très-productif.

La troupe de la Gaîté compte plusieurs acteurs justement applaudis : nous citerons en première ligne madame Lacressonnière, artiste habile, intelligente, passionnée ; Lacressonnière, acteur de tenue et de goût ; Francisque, bon comique, très-goûté du parterre ; Paulin

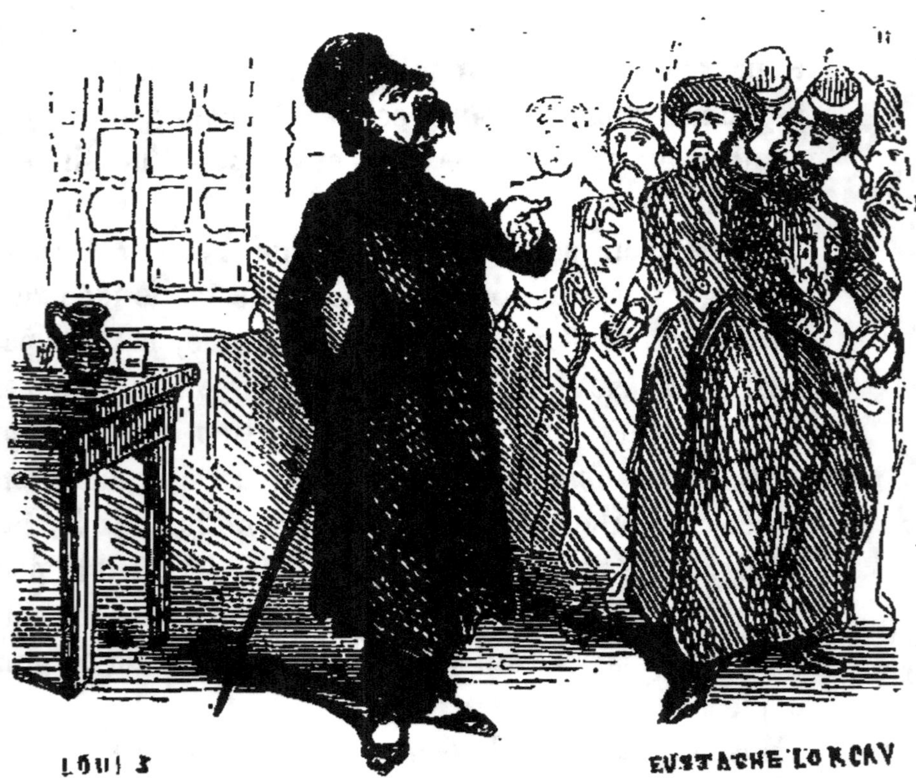

Paulin Ménier dans les *Cosaques*.

Ménier, qui a créé avec beaucoup de talent le rôle du sergent Duriveau dans la pièce des *Cosaques* ; Gouget, comédien chaleureux, qui produit un effet réel dans certains rôles d'entraînement.

Le théâtre de la Gaîté est situé boulevard du Temple, au centre même de ce boulevard que l'on avait surnommé autrefois *boulevard du Crime*, à cause de l'effrayante

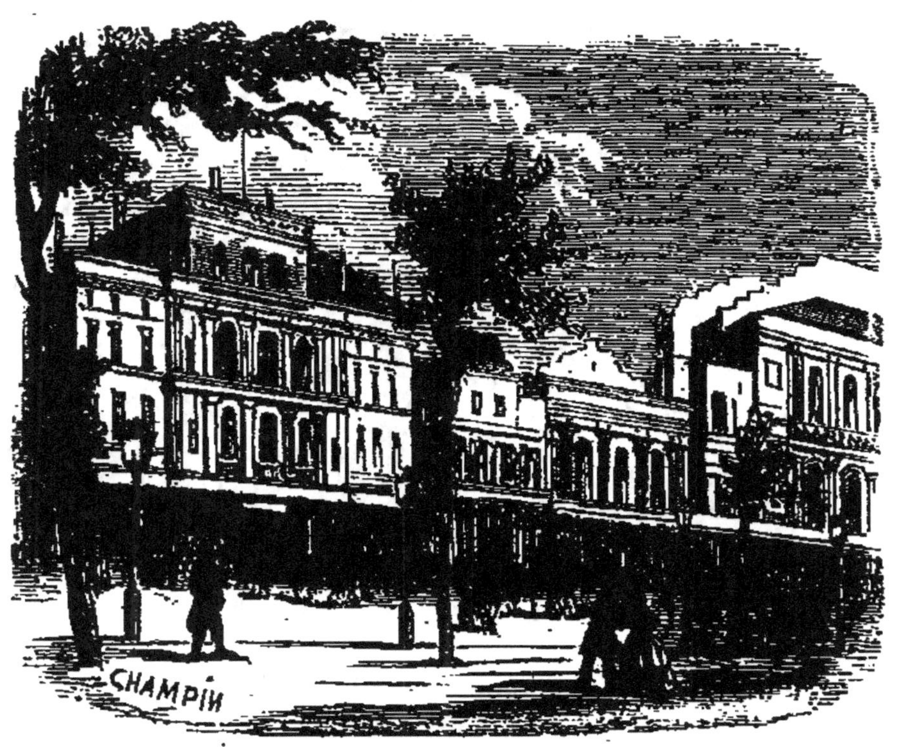

Boulevard du Crime.

quantité de bandits et de scélérats que l'on accumulait dans la plupart des productions théâtrales destinées à ce genre de public.

C'est à ce théâtre qu'il faut voir le populaire, les soirs de grandes représentations se ruer au parterre ou au *poulailler* pour suivre les péripéties de l'intrigue. Ce public, se presse, s'étouffe, s'injurie, se bouscule, se bat

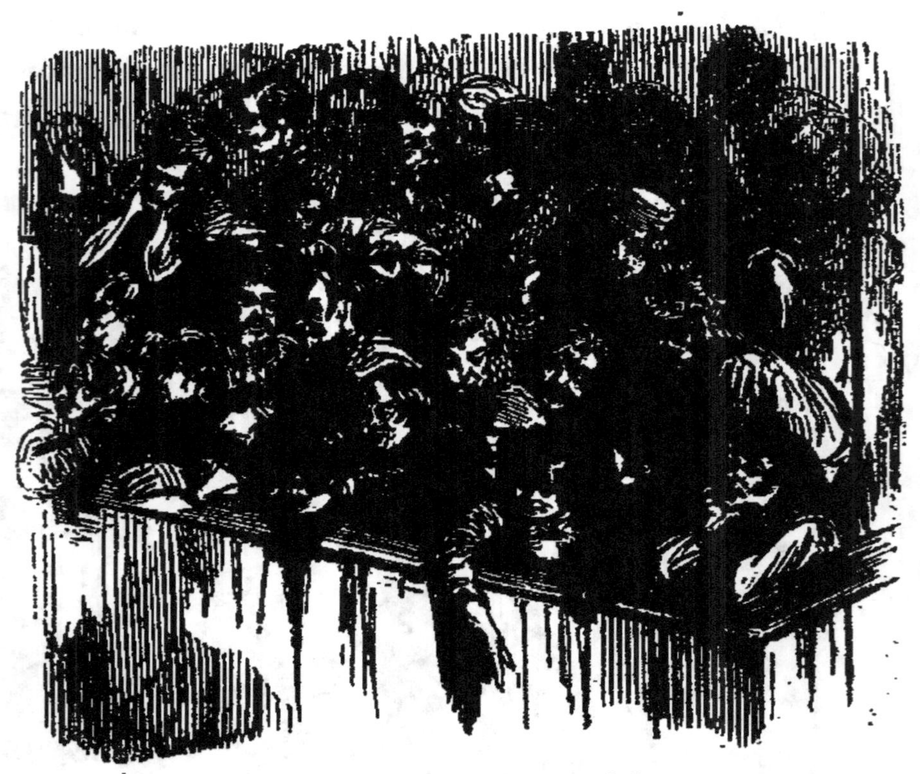

Le *poulailler* de la Gaîté.

même au besoin, mais applaudit; il n'en faut pas plus pour l'auteur, les acteurs et le directeur.

On reproche au théâtre de la Gaîté l'exiguïté de la scène, qui ne rappelle en rien les vastes proportions de la Porte-Saint-Martin, ou même de l'Ambigu. Cette scène ne saurait convenir aux grandes évolutions du drame historique. Sa direction recherche surtout les pièces intimes, qui lui ont valu de si brillantes soirées. Citons avant toutes les autres *Paillasse*, cette élégie en haillons, l'un des triomphes de Frédérick Lemaître.

PRIX DES PLACES :

(1,800 places.)

INDICATION DES PLACES.	BUREAU.		LOCATION.	
Avant-scènes des premières loges et de rez-de-chaussée.............	5 f.	» c.	7 f.	» c.
Premières loges de face............				
Baignoires.........................	4	»	6	»
Stalles de la première galerie......				
Stalles de balcon...................	4	»	5	»
Stalles d'orchestre.................				
Avant-scènes des deuxièmes.......				
Stalles de la deuxième galerie de face............................	2	»	3	»
Orchestre adossé....................	2	50	3	»
Pourtour............................	2	»	3	»
Deuxième galerie de face..........	1	50	»	»
Deuxième galerie de côté..........	1	20	»	»
Parterre............................	1	»	»	»
Troisième galerie de face.	»	75	»	»
Troisième galerie de côté..........	»	50	»	».

XVI. — THÉATRE DE L'AMBIGU-COMIQUE.

Le théâtre de l'Ambigu-Comique a eu, comme la Gaîté, l'origine la plus modeste : il a commencé par offrir au public des acteurs en bois, des *fantoccini*, qui eurent une grande vogue, et manœuvrèrent sous les lois d'un ancien acteur de la comédie italienne nommé Audinot. Après les marionnettes, on engagea une troupe d'enfants, puis enfin de véritables comédiens, qui donnaient de grandes pantomimes à spectacles vers la fin du dernier siècle.

Le genre du théâtre s'élargit graduellement et s'éleva jusqu'à la charge dialoguée. On donna une pièce burlesque intitulée *Madame Angot au Sérail de Constantinople*. Cette production eut une vogue immense, et dont nous ne devons être après tout ni scandalisés ni surpris, quand nous voyons réussir prodigieusement aujourd'hui des pièces telles que les *Cosaques*.

Bientôt, cependant, l'Ambigu-Comique se jeta dans le drame proprement dit. Il était écrit que toutes les scènes des boulevards tomberaient tôt ou tard dans cette spécialité-là. On joua *Tekely* au commencement de ce siècle ; ce mélodrame, plus intéressant et mieux conçu que la plupart des productions du même genre, produisit d'énormes recettes.

En 1827, un incendie consuma le théâtre de l'Ambigu-Comique, qui obtint de se transporter sur l'emplacement qu'il occupe maintenant. On construisit une salle nouvelle infiniment plus commode et plus spacieuse que l'ancienne. On ne peut nier que la salle de l'Ambigu-Comique n'ait quelque chose d'imposant et de monumental que n'ont pas la plupart des théâtres, même ceux qui occupent un rang plus élevé dans la hiérarchie dramatique.

C'est sur cette nouvelle scène qu'on a représenté le *Glenarvon* de M. Mallefille, esprit ardent et vigoureux qui devait s'élever tôt ou tard au-dessus des succès de boulevards ; le *Gaspardo le pêcheur* de M. Bouchardy, le dramaturge par excellence, le plus savant faiseur d'*imbroglios* aux mille nœuds ; en première ligne, la *Closerie des Genêts*, de M. Frédéric Soulié, que l'on peut considérer comme le type des drames secondaires, avec des conditions d'intérêt, de sensibilité et d'intelligence littéraire qu'on ne trouve pas dans la plupart de ces productions courantes que le hasard seul le plus souvent fait tomber ou réussir.

Le théâtre de l'Ambigu-Comique est placé de quelques crans au-dessus de la Gaîté. On y représente ou on est censé y représenter des choses plus substantielles, plus fortes et plus développées que sur la scène rivale.

Ce sont cependant presque toujours les mêmes comédiens, les mêmes acteurs qui voyagent d'un théâtre à l'autre. S'il est vrai qu'on ait joué Frédéric Soulié à l'Ambigu, George Sand s'est fait jouer à la Gaîté. Il y a donc parité, équilibre de genre et d'importance. Quoi qu'il en soit, le préjugé du classement des deux scènes existe, et il n'y a guère à le discuter non plus qu'aucune des traditions du public des Boulevards.

On cite parmi les sujets de l'Ambigu madame Laurent, actrice pénétrante et énergique, la rivale de madame Guyon; madame Person, véritable artiste pleine de fougue et de verve, qu'on regrette de voir si rarement, et dont on pourrait tirer un si grand parti dans certaines physionomies excentriques et passionnées; le comique Laurent; Chilly, qui joue si bien les traîtres.

L'Ambigu-Comique est situé boulevard Saint-Martin, à l'angle de la rue de Bondy.

Nous avons à constater en finissant le succès qu'obtient en ce moment à l'Ambigu, Frédérick Lemaître, qui n'était plus, disait-on, que l'ombre de lui-même, Frédérick s'est montré dans *Trente ans*, plus beau, plus énergique que jamais. On a eu raison de dire que tant que cet incomparable artiste aurait un dernier filet de voix il était sûr de transporter le public qu'il s'est fait et qui ne lui a jamais manqué un seul instant.

PRIX DES PLACES :

(1,900 places.)

INDICATION DES PLACES.	BUREAU.	LOCATION.
Avant-scènes du rez-de-chaussée... Avant-scènes des premières....... Loges à salon des premières de face.	6 f. » c.	7 f. » c.
Fauteuils du premier rang des premières et du balcon............	4 »	5 »
Fauteuils d'orchestre .... Fauteuils des premières et du balcon.	3 »	4 »
Premières loges découvertes....... Stalles d'orchestre................	2 50	3 50
Loges grillées des deuxièmes de face. Baignoires grillées.............. ..	2 50	3 »
Avant-scènes des deuxièmes ..... Fauteuils du premier rang des secondes .... Fauteuils du pourtour...	2 »	2 50
Stalles du pourtour................ Avant-scènes des troisièmes.......	1 50	2 »
Avant-scènes des quatrièmes...... Parterre	1 25	» »
Troisième galerie................	» 75	» »
Quatrième galerie	» 50	» »

XVII. — THÉATRE LYRIQUE.

Le Théâtre-Lyrique s'est d'abord appelé Théâtre-Historique. On se souvient que le fondateur du Théâtre-Historique a été M. Alexandre Dumas, qui y fit jouer surtout ses propres ouvrages. Il y a eu de grands succès au Théâtre-Historique, les *Mousquetaires*, la *Reine Margot*, *Monte-Cristo*, etc.

Mais on s'aperçut bientôt que les nouvelles compositions dramatiques de M. Alexandre Dumas n'étaient pas autre chose que ses romans publiés précédemment en feuilletons et qui se trouvaient mis sur la scène sans beaucoup de modifications ni surtout de condensation.

Le public n'admet qu'avec de grandes réserves la conversion des romans en pièces de théâtre. Il faut forcément que la pièce de théâtre reproduise l'idée première du roman sous un aspect tout nouveau, sous peine de n'offrir au spectateur qu'une redite monotone, un écho froid et languissant dont il se lasse bien vite.

Le Théâtre-Historique fut obligé de fermer ses portes après deux années d'existence difficile et tourmentée.

On a établi depuis dans cette même salle une troisième scène musicale sous le nom de *Théâtre-Lyrique*. Cette scène est consacrée particulièrement aux œuvres qui n'ont pu trouver asile à l'Opéra et à l'Opéra-Comique.

Avec la constitution actuelle de la musique en France et l'institution du prix de Rome, qui crée annuellement un certain nombre de jeunes compositeurs qu'il s'agit d'employer, on a réclamé à bon droit la fondation d'une troisième scène lyrique servant de succursale et de débouché aux deux autres.

On a appelé quelquefois le Théâtre-Lyrique l'*Odéon* de la musique. C'est en effet le lieu de début des compositeurs qui commencent.

On y a joué avec succès la *Perle du Brésil*, de M. David; le *Tabarin* de George Bousquet. Madame Marie Cabel, chanteuse légère d'un grand éclat, a obtenu un véritable succès populaire dans le *Bijou perdu*, de M. Adolphe Adam.

La salle du Théâtre-Lyrique n'est pas taillée sur le

patron des autres. L'enceinte forme non plus un fer à cheval, mais un arc allongé. On a imaginé de peindre à fresque une espèce de rotonde extérieure qui rappelle le péristyle des cathédrales byzantines. Il n'est pas mal

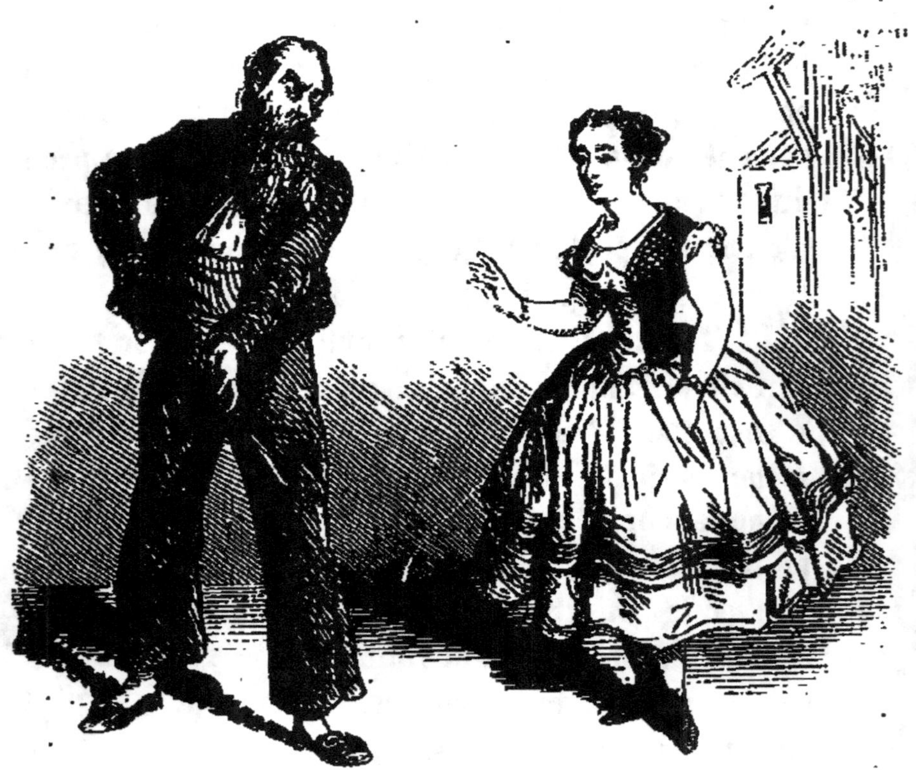

Junka et Mme Cabel.

que les théâtres, qui sont après tout des édifices de fantaisie, varient quelquefois un peu leurs dispositions et leur forme.

Les ornements de l'extérieur et de l'intérieur sont dus à d'habiles artistes ; le plafond surtout est un morceau d'une véritable valeur. Deux lustres éclairent la salle et permettent ainsi au public, qui n'est pas aveuglé par le rayonnement gigantesque d'un lustre unique, de voir de toutes les places.

Depuis les quelques années que cette scène est ouverte, nous l'avons vue appelée successivement : Théâtre-Montpensier, Théâtre-Historique, Opéra-National, et enfin Théâtre-Lyrique. Il y a tout lieu de croire qu'avec les nombreux et brillants succès qu'elle a trouvés sous cette dénomination, elle n'aura plus de nouvelles métamorphoses à subir.

Il est fâcheux que le Théâtre-Lyrique se trouve placé sous la même direction que l'Opéra-Comique. Le bénéfice de la concurrence se trouve ainsi détruit en partie. Le public invoquait depuis longtemps une rivalité sérieuse et non une succursale lyrique.

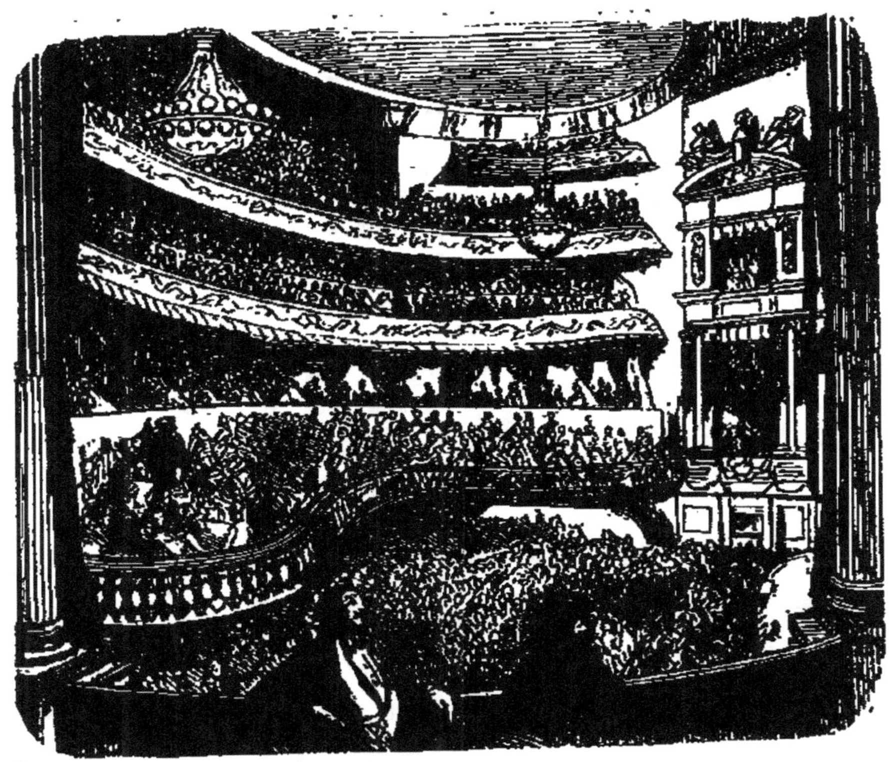

Théâtre Lyrique.

Le Théâtre-Lyrique est situé boulevard du Temple, n° 88, au centre des théâtres de drame.

PRIX DES PLACES :

(1,700 places.)

INDICATION DES PLACES.	BUREAU.	LOCATION.
Avant-scènes du rez-de-chaussée et de la galerie..................	6 f. » c.	7 f. » c.
Loges de la galerie	5 »	6 »
Avant-scènes du théâtre...........	4 50	5 50
Avant-scène des premières, fauteuils d'orchestre et de la galerie......	4 »	5 »
Stalles d'orchestre, fauteuils du premier balcon.....................	3 »	4 »
Baignoires..........................	3 50	4 50
Premières loges découvertes .... Stalles du premier balcon........	2 50	3 »
Deuxième galerie..................	2 »	» »
Deuxième balcon...................	1 25	» »
Parterre............................	1 50	» »
Premier amphithéâtre..............	1 »	» »
Deuxième amphithéâtre...........	» 75	» »

XVIII. — THÉATRE NATIONAL

(Autrefois Cirque Olympique.)

Le Théâtre-National est consacré spécialement aux grandes féeries pleines de changements à vue et de ces jeux de trappes connus dans le langage des coulisses sous le nom de *trucs* et aussi aux mimodrames militaires, où l'on fait défiler des bataillons entiers, de la cavalerie, des canons, des armées françaises ou étrangères.

Ce théâtre avait été primitivement bâti pour le genre de spectacle que dirigeaient les fameux écuyers Franconi, joignant alors aux exercices d'équitation ces pièces à combats et à décors, qui ont toujours gardé leur prestige aux yeux d'un certain public.

Dans la suite, on sépara les exercices de chevaux, qui se transportèrent aux Champs-Élysées et dans un autre cirque voisin. Nous les retrouverons plus bas à l'article des *spectacles équestres*.

Le théâtre militaire et féerique resta seul en possession de la salle du Cirque-Olympique et entra bientôt dans la voie des revers et des désastres. Ces grandes pièces qu'il faut presque toujours monter avec un personnel immense, des frais incalculables de machines, de décors et de mise en scène, représentent le *va-tout* des directions, et lorsqu'elles échouent elles ne peuvent manquer de laisser derrière elles les plus tristes résultats.

Le théâtre du Cirque-Olympique fut obligé de fermer et rouvrit sous les auspices de M. Adolphe Adam, qui essaya le premier de fonder aux Boulevards cette troisième scène musicale ouverte aujourd'hui sous le nom de Théâtre-Lyrique.

La direction de M. Adam ne fut pas heureuse. Il eut cependant un début des plus brillants avec la pièce d'inauguration *Gastibelza*, de M. Maillard, compositeur de talent et de sève, promis à un très-bel avenir.

Le théâtre retourna, sous le titre de *Théâtre National*, à sa destination primitive. On reprit les grandes féeries, on finit par obtenir, avec les *Pilules du Diable*, un succès rappelant les classiques triomphes du *Pied de mouton*.

On donna surtout un grand nombre de pièces militaires. La plupart des généraux saillants de l'époque de l'Empire furent représentés dans le cadre de leurs triomphes; les Ney, les Murat, les Masséna, sans compter les situations innombrables où l'on trouva l'occasion de placer la grande figure de Napoléon.

Un acteur nommé Edmond s'est créé un nom et une place à part en jouant exclusivement le rôle du vainqueur d'Austerlitz auquel il était parvenu à ressembler d'une manière frappante. Avec une légère addition de nez on eût dit l'Empereur lui-même.

Les événements de la guerre d'Orient offrent aujourd'hui à ce théâtre une mine large et féconde qu'il ne manquera pas d'exploiter avec succès.

Le Théâtre National est situé boulevard du Temple, nº 78.

PRIX DES PLACES;

Avant-scènes des premières et du rez-de-chaussée, 4 fr.; en location, 5 fr.

Fauteuils de pourtour, 4 fr.; en location, 5 fr.

Balcons, stalles d'orchestre, 2 fr. 50 c.; en location, 3 fr.

Avant-scènes des secondes, 2 fr.; en location, 2 fr. 50 c.

Baignoires, deuxièmes galeries, 2 fr. 50 c.; en location, 3 fr.

Avant-scènes des troisièmes, 1 fr. 50 c.; en location, 2 fr.

Deuxièmes galeries, 1 fr. 25 c.; en location, 1 fr. 50 c.

Parterre, 1 fr.

Troisième galerie, 75 c.

Quatrième amphithéâtre, 50 c.

XIX. — FOLIES-DRAMATIQUES.

Le théâtre des Folies-Dramatiques a été construit sur l'emplacement où se trouvait l'Ambigu-Comique avant que la destruction de la salle à la suite d'un incendie eût causé sa translation à l'endroit où nous le voyons aujourd'hui.

L'ouverture du théâtre des *Folies-Dramatiques* a eu lieu en 1831 sans beaucoup d'éclat, et sans que rien fît prévoir la belle veine de succès qu'il devait rencontrer dans l'avenir.

Odry, momentanément brouillé avec le théâtre des Variétés son berceau et sa patrie naturelle, donna sur le théâtre des *Folies-Dramatiques* quelques représentations qui ne produisirent qu'un effet assez médiocre.

Mais ce qui contribua surtout à fixer l'attention du public sur ce théâtre, jusqu'alors comme égaré et perdu au milieu des scènes voisines, ce fut la fameuse pièce de *Robert Macaire*, que Frédérick donna sur cette scène, avec une supériorité de talent comique et d'ironie, rendant impossibles pour longtemps les effets et les intonations du drame moderne!

Robert Macaire était bien fait pour produire une suite de recettes des plus brillantes; mais il semblait qu'en se retirant il dût laisser retomber dans la langueur et l'oubli une scène animée et vivifiée uniquement par son succès.

Chose étrange et qui est peut-être sans exemple dans les annales des théâtres, le théâtre des Folies-Dramatiques est resté, même après le départ de Frédérick, très-goûté et très suivi. A l'aide d'une troupe toujours complète dans son genre, d'un répertoire entretenu avec intelligence, le directeur a su fixer dans sa salle un public sinon très-nombreux, du moins très-persistant, et ne lui ayant jamais fait défaut un seul jour.

Il en est résulté une belle et solide fortune pour l'homme qui administre ce théâtre presque depuis sa fondation, et ne troquerait pas assurément sa position humble et modeste en apparence, contre d'autres directions beaucoup plus ambitieuses offrant, à côté de priviléges d'un ordre plus relevé, un si grand nombre de chances dangereuses.

Le théâtre des Folies-Dramatiques exploite principalement le vaudeville en un ou plusieurs actes, la pièce grivoise, les tableaux de mœurs populaires.

Plusieurs artistes qui figurent aujourd'hui sur des scènes supérieures ont fait leurs débuts sur cette scène. On peut citer mademoiselle Nathalie, sociétaire du Théâtre-Français; mademoiselle Judith, qui appartient au même théâtre; Villars, du théâtre du Gymnase; Lassagne, des Variétés.

Le théâtre des Folies Dramatiques est situé boulevard du Temple, n° 78.

PRIX DES PLACES :

Avant-scènes des premières et du rez-de-chaussée, 2 fr. 75; en location, 3 fr. 50 c.

Avant-scènes des premières, 2 fr. 50 c.; en location, 3 fr. 25 c.

Loges de face, 2 fr. 25 c.; en location, 2 fr. 50 c.

Stalles d'orchestre, d'amphithéâtre, avant-scènes des secondes, 1 fr. 50 c.; en location, 2 fr.

Balcons des secondes, 1 fr. 25 c.; en location, 1 fr. 50 c.

Stalles de galeries, 1 fr.; en location, 1 fr. 25 c.

Orchestre, 1 fr.

Parterre, seconde galerie, 75 c.

Deuxième galerie, 30 c.

XX. — LES DÉLASSEMENTS COMIQUES

Le théâtre des *Délassements Comiques* exploite à peu près le même genre que les Folies Dramatiques et est très-loin d'avoir eu des destinées aussi prospères, bien qu'il ait joint à l'attrait des vaudevilles ordinaires ces grandes revues de la fin de l'année, dans lesquelles on offre au public le tableau soi-disant satirique de toute l'année qui vient de s'écouler.

Il faut attribuer cette différence de succès, d'abord à l'exiguïté de la salle, contenant un tiers de moins de spectateurs que la salle voisine, puis aussi aux fréquents changements de direction, qui n'influent jamais favorablement sur les destinées d'un théâtre.

Les Délassements Comiques ont été cependant dirigés en dernier lieu par un acteur nommé Émile Taigny, qui s'était fait autrefois remarquer sur la scène du Vaudeville dans certains rôles d'amoureux imberbes. Émile Taigny jouait et dirigeait en même temps le théâtre. Ce double emploi porte rarement d'heureux fruits. Il est presque impossible que l'amour-propre de l'artiste, toujours éveillé et mis en jeu, ne se croise pas avec les intérêts du directeur.

Il faut, pour pouvoir occuper sans danger cette position à deux faces, être posé ou très-haut ou très-bas; or, le théâtre des Délassements Comiques n'est dans aucune de ces deux conditions-là. On y joue le vaudeville presque aussi bien qu'ailleurs; les acteurs y sont à peu près de la ligne de ceux que l'on tolère et que souvent même on applaudit sur des scènes plus importantes.

Le théâtre des Délassements Comiques est situé boulevard du Temple, n° 60.

PRIX DES PLACES:

Premières avant-scènes, 2 fr. 50 c.; en location, 3 fr. 50 c.

Premières loges grillées et de face, 2 fr.; en location, 2 fr. 50 c.

Stalles d'amphithéâtre, d'orchestre, avant-scènes des secondes, 1 fr. 50 c.; en location, 2 fr.

Balcon des secondes, 1 fr. 25 c.; en location, 1 fr. 50 c.

Stalles de galeries, 1 fr.; en location 1 fr. 25 c.

Orchestre, 1 fr.

Premières galeries, parterre, 75 c.

Deuxièmes galeries, 30 c.

XXI. — FOLIES NOUVELLES.

Les Folies-Nouvelles, occupent un rang à part au milieu des petites scènes du boulevard du Temple; ce théâtre, fondé dans l'ancien jeu de paume du comte d'Artois, s'est d'abord appelé les *Folies Concertantes*.

Il s'est transformé récemment entre les mains d'une nouvelle direction pleine de goût et d'intelligence, qui a fait construire une salle des plus élégantes, rayonnante comme un boudoir, fraîche, remplie de charmantes peintures, et faisant le plus grand honneur au talent du décorateur Cambon.

Les *Folies Nouvelles* représentent la continuation de l'ancien théâtre de la Foire, avec plus de distinction, de grâce, et moins la gravelure et l'effronterie.

On y joue des pantomimes, des arlequinades des plus originales qui mettent en relief le talent vif et spirituel du Pierrot Paul Legrand. On y chante des scènes dialo-

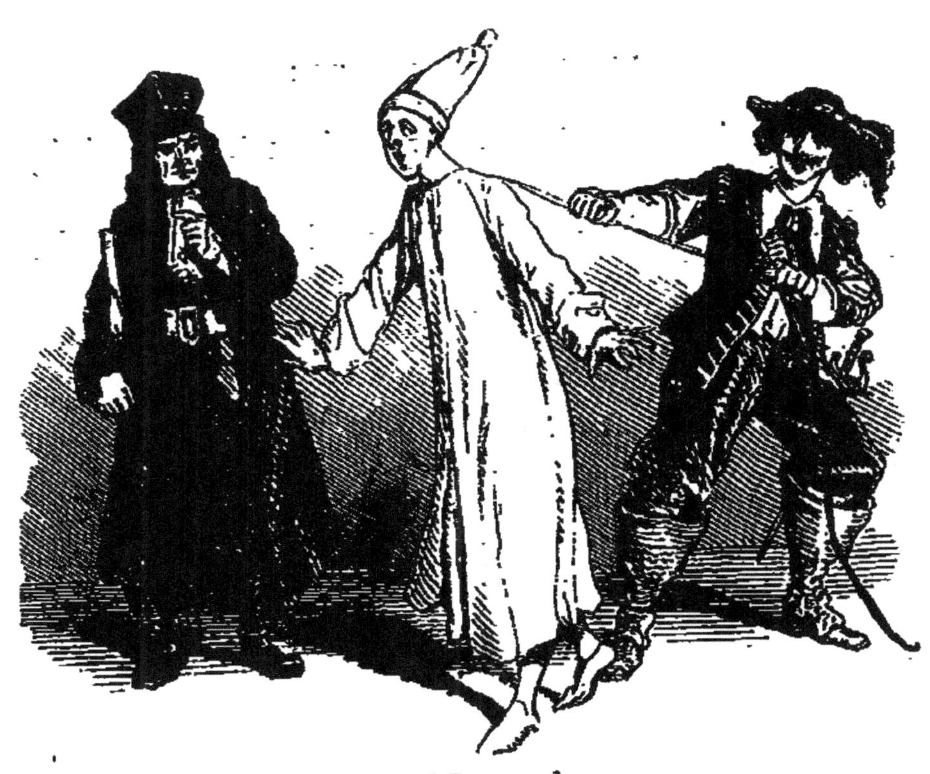

Paul Legrand.

guées qui ont pour interprète principal le comique Joseph Kelm, le plus singulier grimacier, le plus excentrique bouffon que l'on puisse rêver.

Les danses de caractère sont exécutées par de toutes jeunes filles fraîches et jolies comme des printemps.

L'orchestre est des meilleurs, et dirigé par l'excellent violon Bernardin.

Les *Folies Nouvelles* sont aujourd'hui le théâtre à la mode ; les loges se remplissent chaque soir non-seulement de femmes élégantes, mais même de grandes dames qui viennent chercher là une bonne soirée de franc rire, une de ces séances de véritable gaîté que l'on est toujours si heureux de rencontrer.

PRIX DES PLACES :

Avant-scènes fermées du rez-de-chaussée et du balcon, 3 fr.

Avant-scènes découvertes du rez-de-chaussée et du balcon, 2 fr. 50 c.

Fauteuils d'orchestre, 2 fr. 50.

Fauteuils de balcon, 2 fr. 50 c.

Stalles d'orchestre, 1 fr. 50 c.

Stalles de balcon, 1 fr. 50 c.

Parquet, 1 fr.

Première galerie, 1 fr.

Seconde galerie, 75 c.

Parterre, 50 c.

Amphithéâtre, 50 c.

XXII. — THÉATRE DES FUNAMBULES.

Le théâtre des Funambules a eu le bon esprit de ne jamais renier son origine et de ne pas changer son titre, qui rappelle la spécialité qu'il a exploitée dès sa fondation.

Pour faire concurrence au théâtre de madame Saqui, qui s'appelait les *Acrobates*, on avait établi sur le boulevard du Temple et porte à porte avec l'entreprise rivale un théâtre nouveau exploité par une troupe de danseurs de corde très-exercée, qui obtint pendant un temps de grands succès: le public croyait encore alors au balancier, à la danse de corde et aux sauts de carpe.

Cependant, comme les sauts et les culbutes ne peuvent pas remplir tout un spectacle, on joignit aux exercices des Funambules des pantomimes, qui devinrent bientôt le fonds principal du spectacle. Les frères Laurent, qui avaient fait en Angleterre le métier de *clowns*, se trouvant placés à la tête de la troupe, firent représenter plusieurs féeries dans le genre anglais en harmonie parfaite avec le goût et la fantaisie du public des boulevards.

L'aîné des deux frères Laurent avait beaucoup d'agilité et de souplesse, et se faisait surtout applaudir dans les rôles d'Arlequins.

On abandonna insensiblement la danse de corps et les tours d'équilibre pour se consacrer exclusivement aux féeries, même aux vaudevilles, qui avaient fini par s'introduire dans le répertoire, et n'ont jamais été, pour le dire en passant, la partie brillante du théâtre des Funambules.

Cependant, il devait venir un moment où cette petite salle, d'assez triste apparence, noire, fumeuse et assez semblable à l'intérieur de certains estaminets borgnes, allait voir les personnes les plus élégantes, des artistes, des femmes du monde, des poëtes et des littérateurs célèbres venir se disputer chaque soir les loges d'avant-scène.

Cette vogue était due au talent d'un mime célèbre qui devait bien quelque chose aux critiques et aux biographes d'alors. Mais il y avait aussi en lui, il faut le reconnaître, de quoi justifier la haute faveur que le public lui prodiguait.

Quiconque n'a pas vu Debureau, le père de celui qui occupe aujourd'hui l'emploi, ne saurait avoir une idée du vrai Pierrot, pris non pas dans l'ancienne et la lourde expression du type, mais dans tout ce qu'on peut imaginer de plus souple, de plus narquois et de plus véritablement spirituel. Sa figure était fort loin d'être comme celle de la plupart des Pierrots, un simple masque de farine grimaçant.

Debureau avait été clown avant d'être mime ; si on n'a pas fait cet apprentissage si nécessaire, il est bien difficile de jamais parvenir à une supériorité réelle dans un art qui demande tant de prestesse et d'à-propos, d'arriver à donner et recevoir à temps ces claques et ces séries de coups de pied qui sont le fond même de la langue de la pantomime.

Debureau s'est fait surtout remarquer dans le *Bœuf Enragé*, l'*Oracle*, la *Mère l'Oie*, le *Songe d'Or*, le *Billet de Mille francs*, le *Diable à Quatre*, les *Jolis Soldats*, etc.

Il a eu le mérite de rester Pierrot, c'est-à-dire avant tout un personnage de caprice et de hasard, mais aussi et en même temps de réaliser le type qu'il avait à représenter, paysan, ouvrier, valet, soldat, bohême, cuisinier, musicien ambulant, etc.

Il possédait non pas seulement la fantaisie littéraire, le sang-froid de tradition, mais aussi beaucoup de ce naturel, de cette verve populaire poussée parfois jusqu'au cynisme que l'on récolte le long du boulevard du Temple.

Debureau a laissé un fils, qui joue aujourd'hui le même emploi que son père avec talent, mais avec bien moins d'expression et de relief. Il est vrai que là comme ailleurs il y a de longues études à faire, un noviciat de plusieurs années, quoiqu'il n'y ait pas, bien entendu, à exagérer en rien le mérite de l'homme enfariné qui peut être la fantaisie, le jeu, le caprice d'un moment, mais ne pourra jamais s'appeler un comédien véritable.

Le théâtre des Funambules est situé au boulevard du Temple, nº 62.

Le prix des places les plus élevées est de 1 fr. 50 c.; les dernières sont de 25 c.

XXIII. — THÉATRE DU PETIT LAZZARI.

Le théâtre du Petit Lazzari représente le dernier des spectacles du boulevard. On l'a appelé *théâtre Lazzari* parce qu'il a été fondé par un Arlequin nommé *Lazzari*, qui a été célèbre à la fin du dernier siècle.

Le théâtre Lazzari n'a été jusqu'en 1830 qu'un théâtre de marionnettes : on voyait autrefois à la porte le célèbre Bobèche, celui qu'on a surnommé l'*Homme de la parade*, dont les calembours et les coq-à-l'âne si vantés autrefois nous sembleraient sans doute aujourd'hui bien froids et bien surannés.

On joue à présent le vaudeville au théâtre du Petit Lazzari, et nous devons déclarer que le public qui le fréquente n'est pas précisément celui des Italiens et de l'Opéra.

Les premières places coûtent 75 centimes, les dernières 25 centimes.

XXIV. — LE THÉATRE BEAUMARCHAIS.

Le théâtre Beaumarchais a été inauguré en décembre 1835 : ses premiers fondateurs ont été MM. Anténor Joly et Ferdinand de Villeneuve, depuis directeurs du théâtre de la Renaissance.

Les premières années ont été fructueuses et ont rapporté aux fondateurs primitifs d'assez beaux bénéfices.

La suite n'a pas répondu à ce que le début promettait : on a vu se succéder un grand nombre de directions qui ont presque toutes été obligées de quitter la partie après une suite d'efforts superflus et malheureux.

On a joué à peu près tous les genres au théâtre Beaumarchais : drame, vaudeville, parades, féeries, sans avoir jamais pu trouver un de ces succès qui mettent un théâtre en relief et le sauvent à tout jamais de l'abandon et de cette espèce de malédiction particulière qui semble peser sur certaines scènes.

Il faut sans doute attribuer la mauvaise fortune que le théâtre Beaumarchais a rencontrée presque constamment jusqu'ici, surtout à la position de ce théâtre, qui se trouve peut-être trop éloigné du centre et des habitudes du genre de spectateurs qui forment le public ordinaire des scènes du Boulevard.

Le théâtre Beaumarchais est situé boulevard Beaumarchais, à côté de la Bastille.

Le prix des places est 2 fr. pour les premières et 50 c. pour les dernières.

XXV. — THÉATRE COMTE.

Le théâtre Comte, placé sous la direction du prestidigitateur fameux qui jouissait d'une grande vogue avant l'avénement des Robert Houdin, des Philippe, des Bosco, etc., exploite surtout les pièces destinées aux enfants, les petites féeries, les vaudevilles inspirés de la *Morale en action*, avec des fantasmagories, des jeux pyrotechniques, etc.

La troupe du théâtre Comte a toujours été composée

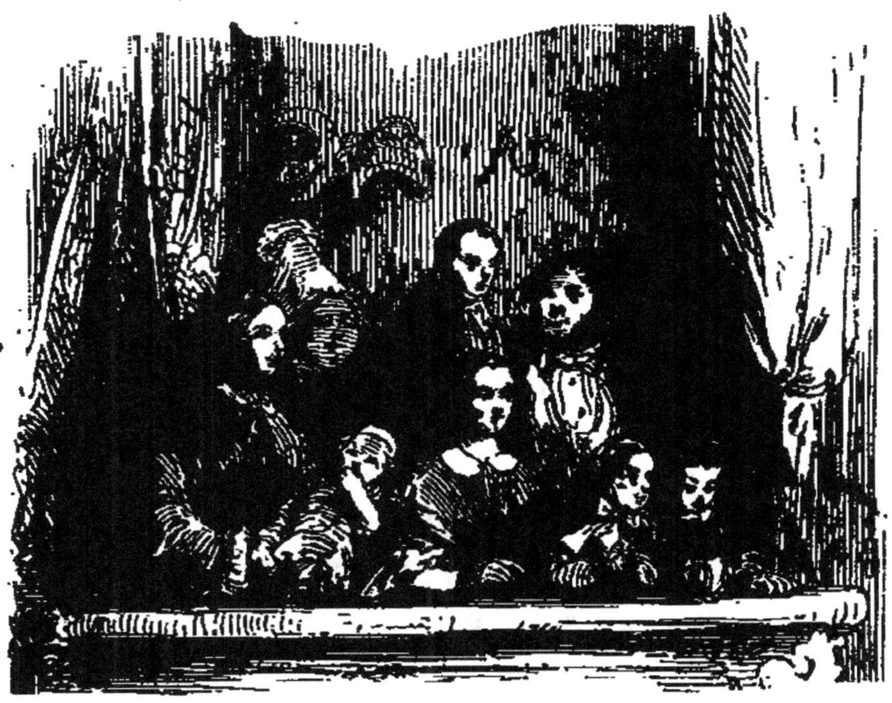

Une loge au théâtre Comte.

d'enfants ou d'acteurs de petite taille ressemblant à des enfants.

Bien qu'on ait souvent condamné non sans raison cette application de l'enfance des deux sexes à l'exercice du théâtre, on ne doit pas oublier que certains artistes distingués et qui se sont depuis fait un nom, ont commencé sur cette scène modeste.

Hyacinthe, le comique du Palais-Royal, a joué pendant plusieurs années sur le théâtre Comte ; on y a vu aussi le jeune Colbrun, qui s'est fait remarquer dans certains rôles au théâtre de la Renaissance et à la Porte-Saint-Martin.

Le Théâtre Comte est situé passage Choiseul.

Prix des places : 4 fr., 2 fr. 50 c., 2 fr. et 1 fr.

XXVI. — THÉATRE DU LUXEMBOURG.

Le théâtre du Luxembourg est connu encore dans le quartier latin sous le nom de *Bobino*, du nom d'un certain paillasse appelé Bobino, le Bobèche de la rive gauche, qui attirait autrefois la foule par ses lazzis et les parades qu'il exécutait à la porte avant l'heure des représentations.

Le théâtre du Luxembourg était alors une véritable scène foraine : on y exécutait des danses de corde, des jongleries, des tours d'équilibre et d'adresse.

Aujourd'hui, le théâtre du Luxembourg est un théâtre tout comme les autres, où l'on joue un certain nombre de pièces du cru, mais surtout beaucoup de vaudevilles et de drames tombés en désuétude, qui ont appartenu à d'autres scènes et viennent là chercher une existence nouvelle.

La littérature n'a jamais brillé d'un bien vif éclat au théâtre du Luxembourg, mais en revanche on y a vu commencer plusieurs artistes distingués des autres scènes, entre autres Geoffroy, du Gymnase, qui s'y est essayé dans les rôles d'*Alcides*, sans prévoir sans doute qu'il aurait à représenter un jour le personnage de Mercadet, puis un acteur nommé Mondidier, que l'on a applaudi dans le drame au théâtre de la Renaissance et à l'Ambigu-Comique, et que l'on connaissait au théâtre du Luxembourg sous le nom d'Alexis; enfin M. Clairville, qui a débuté sur cette scène comme acteur et comme auteur, et y a puisé ces premières leçons de planche et de métier, qui ne remplacent que trop souvent, hélas! sur une infinité de scènes, la littérature et le style.

Le théâtre du Luxembourg est situé rue de Fleurus, à l'entrée de la grille du Luxembourg.

Le prix des places est le même que celui des petits théâtres du Boulevard.

XXVII. — SALLE BONNE NOUVELLE.

Nous croyons devoir dire ici quelques mots de la salle Bonne-Nouvelle, bien qu'elle soit momentanément fermée; mais elle ne peut manquer de rouvrir un jour ou l'autre. Il est peu probable qu'on laisse longtemps sans destination un vaste local placé dans le centre même d'un quartier très-vivant et très-peuplé.

La salle Bonne-Nouvelle a été construite pour être à la fois spectacle et concert : elle a dû peut-être à cette double destination son peu de réussite.

On y a essayé à peu près de tous les genres de spectacles : pantomimes, tours de force, danses de corde, clowns, prestidigitateurs, vaudevilles, féeries, chansonnettes comiques, jusqu'à des symphonies à grand orchestre. Tout a échoué, tous les essais sont venus expirer contre l'indifférence du public, qui n'a jamais été dans cette salle qu'à l'état de promeneur et de visiteur et non de spectateur.

Cette spéculation a prouvé une fois de plus qu'en fait d'entreprises dramatiques, le pire de tous les genres est de n'en avoir aucun, de flotter entre tous ceux qu'on exploite ailleurs, sans se fixer à une spécialité quelconque que l'on cultive à fond. On ressemble dans ces cas-là aux gens qui, dans la vie, embrassent toutes sortes de carrières à la fois, en quittent une pour en prendre une autre, ont même quelquefois des espèces de succès transitoires dans les diverses routes où ils s'engagent, et finissent presque toujours par mourir à l'hôpital.

La salle Bonne-Nouvelle est située boulevard Bonne-Nouvelle, à l'angle de la rue Mazagran.

XXVIII. — SOIRÉES FANTASTIQUES D'HAMILTON.

Ce serait une histoire curieuse à faire que celle de l'escamotage, et nous sommes surpris que quelqu'un n'ait pas songé à l'entreprendre. Le tableau complet de tous les tours de passe-passe, sorcelleries, surprises, prestiges, qui constituent cet art plus difficile et plus compliqué qu'on ne croit, offrirait beaucoup d'intérêt et révélerait des particularités très-curieuses.

Tous les temps ont leur escamoteur en vogue adopté spécialement par la bonne compagnie.

Nos pères nous vantent encore le talent d'Olivier père, celui qui allait, dans ses représentations, jusqu'à se faire couper la tête par une dame de l'assistance et se la faisait recoller bien entendu dans la même séance.

Ensuite est venu Comte, qui a longtemps donné des séances dans les jardins publics et les soirées particulières avant d'établir, dans le passage des Panoramas, son théâtre d'enfants qui s'est ensuite transporté au passage Choiseul.

Bientôt on a vu se lever l'astre de Robert Houdin, qui n'a guère tardé à éclipser tous les autres. Robert Houdin avait l'avantage d'être le gendre d'un très-habile horloger et d'être lui-même un mécanicien des plus adroits.

Il a pu ainsi confectionner un grand nombre d'automates et de pièces mécaniques qui font tous les soirs l'admiration des enfants et même des grandes personnes. Les deux jolies marionnettes qu'il a surnommées *Auriol et Debureau*, sont de véritables chefs-d'œuvre, et il est douteux que le célèbre Vaucanson ait jamais rien exécuté de plus merveilleux.

Plusieurs des tours de Robert Houdin sont devenus classiques. Quoi de plus ingénieux que sa fameuse bouteille remplie de toutes sortes de liqueurs qui sortent d'un même orifice, à la volonté des personnes libres de demander un verre de telle liqueur qui leur viendra à l'esprit, sans que jamais l'inépuisable bouteille puisse être prise au dépourvu.

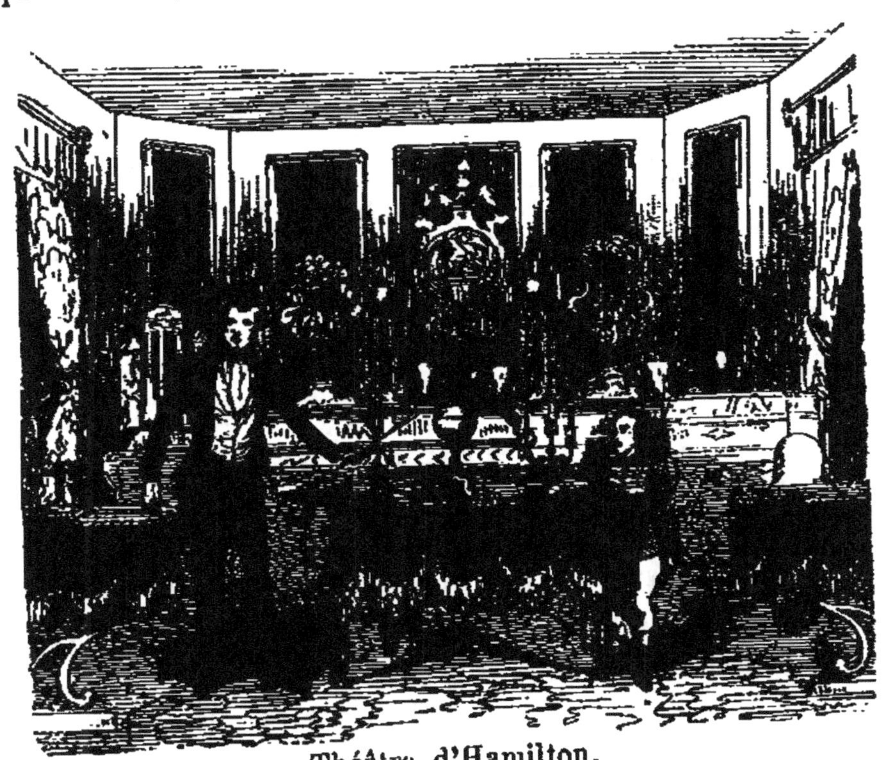

Théâtre d'Hamilton.

Son arbre magique, qui se couvre tout d'un coup d'une myriade de fleurs, est assurément une pièce des plus gracieuses et des plus surprenantes.

La *suspension aérienne* a été inventée par Robert Houdin, qui a eu là une idée neuve, heureuse. Le public a eu raison de crier au miracle la première fois que ce tour singulier a été exécuté devant lui.

Robert Houdin a cédé récemment son théâtre à Hamilton, qui a quitté le Palais-Royal pour se transporter au boulevard.

On reproche à Hamilton de manquer, ainsi que son prédécesseur, de ce genre d'éloquence animée qui accompagnait les anciens tours d'adresse et formait un accessoire nécessaire du talent du prestidigitateur.

Le don de l'animation et de l'entrain n'est pas donné à tout le monde; et puis l'escamotage moderne consistant surtout en pièces mécaniques, automates, objets à ressort et à surprise, on comprend que l'escamoteur doive disparaître en partie derrière ses machines.

Le théâtre d'Hamilton est situé maintenant sur le boulevard des Italiens, à côté du passage de l'Opéra.

XXIX. — SPECTACLES ÉQUESTRES.

Le Cirque des Champs-Élysées.
Le Cirque-Napoléon.

On s'est élevé plus d'une fois contre les spectacles de chevaux, on les a trouvés surannés, vulgaires, on a trouvé qu'ils ne roulaient jamais que sur un même programme de tours, d'exercices et de culbutes. Quoi qu'il en soit, ce genre de spectacle a subsisté quand même, et est aujourd'hui plus que jamais en possession de la faveur du public.

Franconi est, comme on sait, l'homme classique, le fondadeur en France des exercices de chevaux. Associé avec le célèbre écuyer anglais Asthley, qui avait à Londres une popularité égale à celle que Franconi possédait à Paris, ce dernier établit dans le quartier du Temple un spectacle consacré à l'équitation, à la voltige, avec accompagnement de pièces militaires, où les chevaux et les écuyers jouaient aussi un certain rôle.

La popularité de Franconi comme écuyer devint telle que le public, au lieu de dire qu'il se rendait au *Cirque-Olympique*, se contentait de dire en termes beaucoup moins ambitieux qu'il allait *chez Franconi*.

Le cirque Franconi s'établit pendant un certain temps dans le quartier des Tuileries. On le força ensuite à retourner dans son ancien quartier du Temple, où l'entreprise continua à prospérer jusqu'en 1826. La salle fut détruite cette année-là par un incendie des plus terribles, qui laissa subsister à peine quelques décombres.

Le spectacle équestre rouvrit l'année suivante sur le boulevard du Temple, dans la salle qui est occupée aujourd'hui par le Théâtre-National.

On continua à joindre aux exercices de chevaux des féeries, de grandes pièces militaires qui nécessitent presque toujours des frais énormes de mise en scène. Plusieurs insuccès consécutifs ruinèrent la direction; on fut obligé d'opérer une scission entre le théâtre et les exercices équestres, qui ne pouvaient plus désormais subsister dans un même cadre.

Le cirque des chevaux se transporta aux Champs-Élysées, dans la salle où il se trouve actuellement.

Autant ce genre de spectacle avait paru au boulevard languissant et morne, autant il fut dans son nouvel emplacement animé, brillant et vivace; tant il est vrai

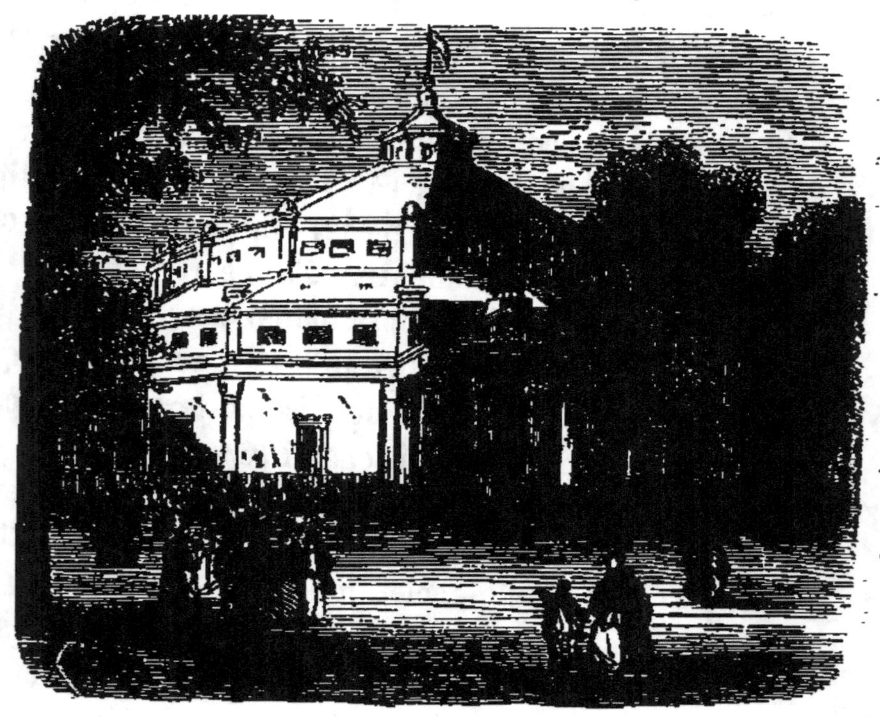

Cirque de l'Impératrice.

qu'il ne s'agit souvent que de donner aux choses un autre centre et un aspect nouveau pour les rajeunir et les revivifier aux yeux du public.

C'était, il est vrai, une très-heureuse idée de placer ce cirque équestre sur le chemin même des promeneurs, d'en faire comme une continuation des Champs-Élysées et du bois de Boulogne. La salle était construite avec une grande élégance, radieuse d'illuminations, de dorures et de fresques. Le Cirque des Champs-Élysées devint le théâtre à la mode.

Les lionnes et les lions de la Madeleine et de la

Chaussée-d'Antin s'y donnaient rendez-vous. Il fut de bon ton de se placer dans le passage, au-dessous de l'orchestre, afin de voir de plus près les chevaux et les écuyères.

Outre les éléments de vogue créés déjà par la position, la direction du Cirque des Champs-Élysées ne négligea rien pour mettre son théâtre au niveau des goûts du public élégant qui l'avait pris sous son patronage.

Plusieurs écuyères furent bientôt mises en réputation par leur figure et aussi par la grâce audacieuse qu'elles déployaieut dans leurs exercices. On cita parmi les illustrations du genre : Mathilde, Caroline Loyo, madame Lejars, que l'on a vue reparaître dernièrement et qui n'a pas semblé avoir dégénéré de son ancienne vaillance.

La partie comique du spectacle était toujours confiée au célèbre Auriol, l'homme-écureuil, celui qui n'aura sans doute jamais son pareil pour la légèreté, la prestesse, la vigueur tout aérienne de ses sauts périlleux et de ses culbutes. Auriol a inventé une foule d'exercices nouveaux qui resteront comme ses trophées dans les fastes de la *clownerie*.

La partie sérieuse était représentée par le grave et habile Baucher, qui venait autrefois dans des costumes de général, auxquels il a bien fait de renoncer, présenter au public des chevaux indomptables qui manœuvraient sous ses lois avec la souplesse et la docilité de l'esclave.

Aujourd'hui, le Cirque équestre voit la fortune lui sourire plus que jamais ; il a conservé la plupart de ses vieux noms, en ayant soin de renouveler de temps à autre ceux dont le public pourrait se lasser à la longue à force de les avoir applaudis.

Ainsi, Auriol a été remplacé par le clown anglais

Kemp, qui peut passer pour un excellent mime, un comédien des plus originaux par le flegme plein de fantaisie, les allures ironiques qu'il déploie en exécutant ses tours de force et d'adresse.

M. Baucher est toujours le chef et le maître de la *haute école*, qui compte madame Maria d'Embrun parmi les artistes plus audacieuses; M. Franconi, le plus habile dresseur de chevaux, continue à les faire cabrer, souper, boire dans le cirque et à donner la main aux dames.

La direction fait apparaître de temps en temps de nouveaux sujets qui ne manquent jamais d'enchérir sur leurs prédécesseurs; des écuyers de toutes les nations, Américains, Africains, Brésiliens, Norvégiens, etc. Le public est ainsi à même de parcourir incessamment la gamme ascendante et descendante des exercices du monde entier.

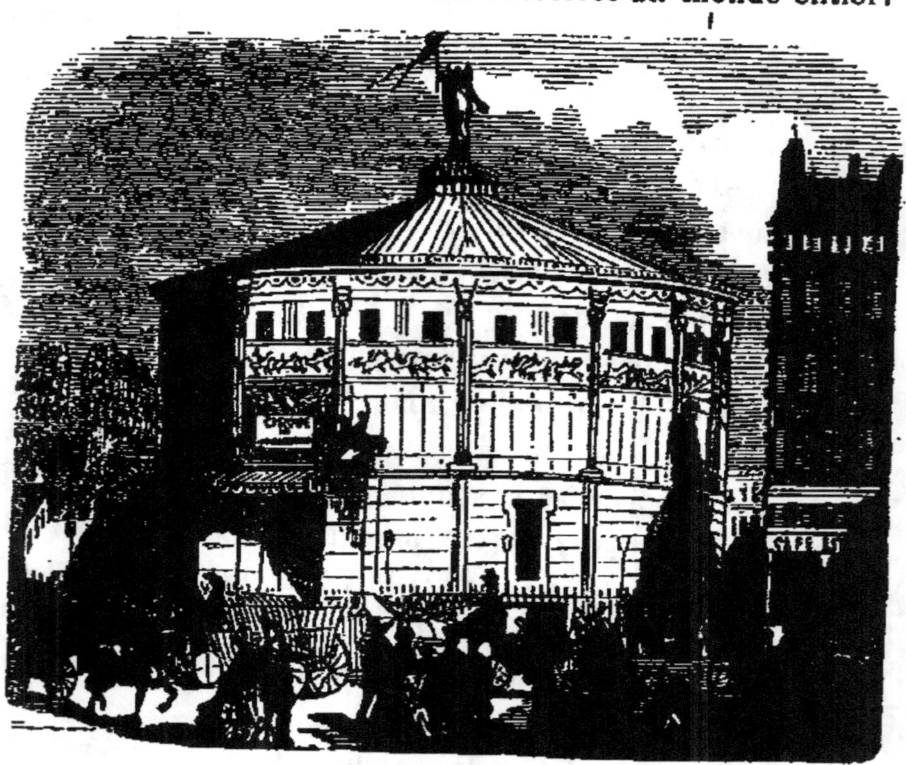

Cirque Napoléon.

Le Cirque des Champs-Élysées n'est ouvert que pendant l'été, la troupe se transporte pendant l'hiver au Cirque du boulevard des Filles-du-Calvaire, qui porte le nom de *Cirque-Napoléon*. Cette salle, qui est aussi brillante, aussi vaste et commode que sa sœur des Champs-Élysées, offre la répétition des mêmes exercices.

PRIX DES PLACES DES DEUX CIRQUES.

Premières.	2 fr.
Secondes	1
Troisièmes	» 50 c.

XXX. — L'HIPPODROME. — ARÈNES NATIONALES.

On s'est souvenu que les Grecs, qui avaient, il est vrai, un tout autre climat que le nôtre, prenaient un grand plaisir aux spectacles en plein air, aux luttes, aux courses de char; on a pensé qu'un spectacle du même genre pouvait être établi à Paris, et on a fondé l'Hippodrome.

On y représente de grands carrousels, des *steeple chase*, des courses à fond de train en chariot et à cheval : on y promène des chars allégoriques chargés de nymphes, de fleurs, de guirlandes et de symboles.

On comprend que ce n'est pas là un spectacle comme tous les autres, et qu'on fait bien de consulter le baromètre avant de s'y rendre.

S'il est vrai que les spectateurs soient à couvert et n'aient rien ou presque rien à craindre des pluies et de l'intempérie des saisons, il n'en est pas de même des acteurs, des écuyers et des écuyères, qu'il est pénible de voir travailler à ciel découvert, bravant la pluie qui tombe souvent à torrents sur les robes en gaze et les riches costumes.

Dans les beaux jours d'été, quand le soleil resplendit et que le ciel est dans toute sa pureté, l'Hippodrome offre un magnifique spectacle qui mérite d'être vu au moins une fois par saison.

Les enlèvements de ballon ont contribué surtout à attirer la foule. Tout le monde voulait voir ces hardis aéronautes s'élancer dans l'air, souvent à cheval sur des autruches ou au milieu de pièces d'artifice.

On a essayé à l'Hippodrome de quelques fêtes de nuit, qui n'ont pas été couronnées d'un plein succès. L'espace est trop grand pour qu'on puisse parvenir jamais à l'éclairer suffisamment, et on sait que l'illumination est la condition première, la vie de toute fête nocturne.

Les Arènes Nationales sont exploitées par la même direction que l'Hippodrome, et donnent le même genre de spectacle avec les mêmes écuyers.

L'Hippodrome est situé barrière de l'Étoile; les représentations ont lieu les mardi, jeudi, samedi et dimanche de chaque semaine.

Les Arènes Nationales sont situées rue de Lyon, à côté du chemin de fer de Paris à Lyon : les représentations ont lieu les lundi, mercredi, vendredi et dimanche de chaque semaine.

XXXI. — LES CONCERTS.

Les concerts sont pour le moins aussi nombreux à Paris qu'à Londres : il y a bien peu d'artistes célèbres en Europe qui ne soient venus chercher parmi nous la consécration de leur talent et de leur renommée.

Bien que la majorité du public français soit généralement assez peu musicale et se plaise surtout aux ritournelles populaires et aux motifs de Ponts-Neufs, nous avons toujours eu parmi nous une classe choisie de juges à part et de connaisseurs éclairés qui ont suffi pour entretenir le culte de l'art et la juste appréciation des chefs-d'œuvre.

Rien ne prouve mieux l'existence de ce public intelligent et choisi que l'institution des concerts du Conservatoire, qui nous est enviée à bon droit par les étrangers, et représente la plus précieuse et la plus relevée de toutes les jouissances parisiennes.

XXXII. — LES CONCERTS DU CONSERVATOIRE.

Les concerts du Conservatoire sont consacrés surtout à l'exécution des chefs-d'œuvre étrangers et nationaux. On y passe toutes les années en revue les productions principales de Haydn, de Gluck, de Hummel, de Hændel, de Mozart, de Weber et surtout de Beethowen.

Beethowen, si longtemps méconnu et considéré en France comme une espèce de métaphysicien musical, aussi indéchiffrable dans sa glose que le célèbre poëte Lycophron, d'obscure mémoire, a fini par acquérir parmi nous une sorte de popularité et par exciter les sympathies les plus vives. Il doit certainement ce revirement opéré en sa faveur aux concerts du Conservatoire, qui ont mis une partie de leur gloire et de leur orgueil à initier notre public aux beautés souvent un peu sombres mais si souvent merveilleuses et sublimes de ce grand maître.

On ne saurait rendre une justice trop éclatante à l'exécution de l'orchestre du Conservatoire qui est, de l'avis de tous les musiciens, le plus parfait que l'on puisse entendre. Les violons, sortis en partie de la belle et grande école de Baillot, font l'admiration des connaisseurs, qui s'accordent à déclarer que nulle part on ne trouverait une égale réunion d'exécutants hors ligne, possédant tout à la fois les mêmes quatités d'intelligence, de grâce et de vigueur.

On comprend que lorsque cette phalange de trente ou quarante archets incomparables attaque soit le fameux *septuor* pour tous les violons, soit les morceaux de certaines symphonies de Beethowen, de Haydn ou de Mozart, toute la salle éclate en murmures d'approbation et de ravissement.

On goûte pleinement cette sorte de jouissance idéale que communique la musique quand elle a pour interprêtes de vrais artistes que l'on sent être en admiration devant les choses qu'ils exécutent, qui jouent pour eux d'abord, d'élan, de sympathie et d'enthousiasme avant de se préoccuper du public qui les écoute.

On ne saurait parler de l'orchestre du Conservatoire sans accorder au moins un souvenir à son célèbre chef Habeneck, qui savait lui communiquer tant d'animation et de vie.

Quand Habeneck levait son archet en l'air pour donner le signal, en regardant tous ses musiciens les uns après les autres, dans l'attitude d'un général qui veut enlever ses soldats, tous les cœurs éprouvaient un tressaillement involontaire, on était frappé d'une sorte de ctupeur, tant il est vrai que les choses d'art deviennent de véritables solennités très-graves et très-émouvantes quand elles obéissent à l'élan d'une foi profonde.

On a quelquefois reproché à Habeneck de se laisser un peu trop emporter par sa fougue, surtout dans la dernière partie des symphonies, de viser à l'effet et de trop se préoccuper plus encore de l'impatience naturelle du public français que de la vraie pensée de l'auteur.

En admettant qu'il eût mérité ce reproche, il est constant qu'il le rachetait par les qualités bien précieuses de la volonté, de l'élan et de la ferveur. Il n'a jamais conduit l'orchestre qu'avec le sentiment d'un éminent artiste qui considérait l'interprétation des maîtres comme une mission sainte confiée à son talent et à son zèle.

L'exécution vocale a toujours été, au Conservatoire, inférieure à l'exécution instrumentale. Les chœurs sont loin d'avoir l'intelligence et l'animation de l'orchestre. Les morceaux de chant y sont presque toujours sacrifiés, écoutés sans beaucoup d'intérêt, ainsi du reste que les solos d'instruments, qui ont grand tort de se hasarder dans ce temple de la symphonie.

Que peuvent les violons isolés, les pianos, les hautbois ou les flûtes, sur les impressions du public qui a entendu ou qui s'apprête à entendre les compositions des grands maîtres? On croirait, en applaudissant les exécutants dans un tel milieu, s'abaisser et même commettre une sorte de sacrilége.

Les concerts du Conservatoire se donnent dans le bâtiment même du Conservatoire, situé à l'entrée du faubourg Poissonnière.

Ils commencent le deuxième dimanche de janvier, et continuent de quinzaine en quinzaine jusqu'au mois d'avril. Il y a, le Vendredi Saint et le jour de Pâques, deux concerts extraordinaires que l'on est convenu d'appeler *concerts spirituels*.

Les concerts du Conservatoire sont toujours d'un accès très-difficile, et il n'y a guère que les personnes munies de places d'abonnement qui puissent trouver à se placer dans la salle.

XXXIII. — LA SALLE SAINTE-CÉCILE.

La critique, qui n'épargne rien dans ce monde, pas même les choses les plus parfaites en apparence et les plus admirées, a reproché quelquefois aux beaux concerts du Conservatoire de tourner toujours invariablement dans le même cercle.

On a trouvé que les symphonies des Mozart, des Weber, des Beethowen, si grandes et si belles qu'elles fussent, ne pouvaient pas être redites éternellement sans qu'il en résultât à la longue un peu de monotonie et de fatigue pour le public.

Pourquoi toujours les mêmes maîtres ? a-t-on dit. Il y a parmi les compositions anciennes bien des choses remarquables, très-dignes d'être connues, et dont le public français ne se doute même pas. Pourquoi ne pas faire de temps en temps quelques excursions sur ces terrains inexplorés ?

L'Allemagne compte aujourd'hui plusieurs compositeurs contemporains dont elle fait le plus grand cas, et dont nous connaissons à peine quelques lambeaux ; est-ce que le devoir de nos orchestres spéciaux ne serait pas de nous interpréter ces productions, ne fût-ce que pour laisser reposer un peu les choses consacrées qui ont presque épuisé l'enthousiasme du public ?

Pour répondre à ces reproches que l'on a pu adresser

à l'orchestre du Conservatoire ou pour le cas où il viendrait à s'endormir sur son succès et son programme, on a cru devoir fonder, sous le titre de *Concerts de Sainte-Cécile*, une autre société symphonique qui est aussi consacrée à l'exécution des grands maîtres et des productions classiques.

Les concerts de Sainte-Cécile n'ont pas les ressources que possèdent ceux du Conservatoire. Les exécutants ne sont pas tous des artistes d'élite ayant fait leurs preuves; il y a parmi eux beaucoup de jeunes musiciens qui ont nécessairement des hésitations, des timidités dans le détail dont l'ensemble ne peut manquer de souffrir.

Tel qu'il est pourtant, et malgré ses imperfections relatives que la pratique pourra du reste faire disparaître en partie, l'orchestre de Sainte-Cécile est appelé à rendre des services marqués à la grande musique, qui ne saurait demeurer dans un cadre exclusif sans devenir une sorte de mystère et de privilége appliqué à l'usage d'une seule classe de la société.

On ne peut nier que les concerts du Conservatoire n'aient, dans tous les cas, le grave inconvénient d'être fixés à un prix très-élevé. Le premier venu ne peut guère trouver à s'y introduire, et souvent parmi ces premiers venus il peut se trouver des amateurs d'élite et peut-être même de véritables vocations d'artistes auxquelles il ne manque pour éclore que l'audition et le souffle des maîtres.

Un des grands avantages des concerts de la société Sainte-Cécile est de se donner dans un local qui a permis d'établir des places à la portée de toutes les bourses.

L'orchestre, organisé par les soins de M. Seghers, homme d'un talent réel, s'il pèche par certains côtés, surtout par les instruments à vent, qui ne sont pas exempts de tout reproche, offre des côtés remarquables, ce que le public de goût a su apprécier. Les violons sont, en général, très-bons, pleins d'ardeur et de bonne volonté.

Si Beethowen n'est pas exécuté dans la salle Saint-Cécile aussi bien que dans celle du Conservatoire, il y trouve cependant une exécution très-suffisante, permettant d'apprécier les beautés de son œuvre.

L'esprit en est rendu toujours avec beaucoup de justesse. Aucun mouvement n'est altéré, on respecte scrupuleusement les intentions du maître et jusque dans leurs moindres nuances.

Mais ce qui doit surtout concilier aux musiciens de Sainte-Cécile les sympathies et la faveur des connaisseurs, c'est le soin qu'ils prennent de faire de fréquentes excursions sur le territoire des musiciens peu connus ou même des compositeurs actuels.

C'est à eux que nous devons d'avoir entendu quelques productions remarquables de nos jeunes symphonistes qui ont si peu d'occasions de se produire et auxquels les portes du Conservatoire sont fermées sans doute à tout jamais. Certains morceaux de Mendelsohn, l'un des maîtres de l'Allemagne moderne, ont été exécutés dans cette même salle avec beaucoup de soin et de zèle.

La direction des concerts de Sainte-Cécile a eu la très-heureuse idée de monter le charmant poëme de Weber intitulé *Pretiosa*, dans lequel l'illustre auteur de *Freyschütz* a répandu tant de couleur, de grâce et de poésie.

Cette délicieuse composition de Weber a obtenu un véritable succès populaire, tant il est vrai qu'il n'y qu'à chercher en France un public musical pour le trouver.

On a fait répéter la charmante marche des Bohémiens,

le beau chœur avec écho d'instruments et la ballade. On entendait les mêmes cris d'admiration, qu'au Conservatoire, avec plus de spontanéité peut-être, des marques plus vives de sympathie et d'élan.

On voit, d'après ce que nous venons de dire, que l'institution des concerts de Sainte-Cécile ne saurait être trop encouragée. Cette société répond à un besoin véritable et d'art et de public, et le seul moyen de voir se former des successeurs aux Gluck, aux Mozart, aux Beethowen, est de leur ouvrir une voie par laquelle ils puissent parvenir de temps en temps jusqu'aux oreilles des juges.

Ces concerts à bon marché ont de plus l'avantage de grossir chaque jour le nombre des initiés à un art qui est encore, à l'heure qu'il est, entouré de tant de mystère. La vraie musique doit tendre surtout à s'infiltrer dans les masses, à se mettre en communication avec le plus grand nombre possible d'intelligences. Qu'elle se popularise avant tout; là est tout son salut, tout son avenir.

Les concerts de la salle de Sainte-Cécile ont lieu tous les quinze jours à partir du mois de novembre.

Les places sont à 5 fr., 4 fr., 3 fr. et 2 francs.

XXXIV. — LA SALLE HERZ.

La salle Herz, remarquable par son élégance et par son excessive sonorité, est adoptée principalement par les virtuoses en renom, les solistes, les chanteurs de concert, etc.

La plupart des pianistes célèbres les Listz, les Thalberg, les Dœhler, les Pleyel, ont passé par la salle Herz. On y a applaudi, en fait de violons, les Eruts, les Sivori, les Bériot; Paganini seul a dédaigné ce cadre de la salle des concerts et a préféré s'élancer sur la scène de l'Opéra, qu'il remplissait du reste si bien avec la toute-puissante sonorité de son incomparable archet.

La première audition de Ronconi dévant le public parisien a eu lieu dans la salle Herz, en présence d'un public guindé comme tous les publics de concert. On accueillit le grand artiste avec défiance et froideur, sans prévoir les trésors de talent et de verve qu'il était à même de déployer sur un théâtre.

C'est dans cette même salle qu'a eu lieu le mémorable concert donné par les Italiens au bénéfice du chanteur Profeti, dans lequel on entendit les deux premiers ténors du monde dans des genres différents, Rubini et Duprez, entamer une espèce de lutte en exécutant le fameux duo pour deux ténors de *Ricciardo et Zoraïde*.

Il est tout naturel que le public ait adopté la salle Herz, qui est distribuée on ne peut plus commodément et se trouve placée au centre même du quartier de l'élégance.

Henri Herz, le fondateur, est connu par une foule de compositions pour le piano, brillant par l'élégance et la facilité sinon par une extrême distinction de facture.

La salle Herz est située rue de la Victoire.

On n'y donne généralement que des séances musicales particulières. Les concerts sont annoncés par des affiches spéciales, placées à l'étalage des marchands de musique ou sur la porte extérieure de la salle des concerts.

XXXV. — LES SALLES ÉRARD ET PLEYEL.

Les deux célèbres facteurs de piano Érard et Pleyel ont eu la très-bonne idée de faire construire, dans l'intérieur de leur établissement, des salles de concert où se donnent, dans l'hiver, des séances musicales ayant pour objet spécial l'exécution des quatuors, des trios, des sonates des maîtres.

La musique de *chambre* (c'est le mot consacré pour la musique de quatuors) demande, avant tout, un auditoire choisi, composé de vrais amateurs capables de suivre pendant deux ou trois heures, sans se fatiguer, ces rêveries charmantes, ces pensées tour à tour fortes, énergiqnes, savantes et capricieuses que les Beethowen, les Mozart, les Haydn, ont semées avec tant de profusion dans les œuvres intimes.

Nous avons des instrumentistes de premier ordre qui se font un véritable devoir de consacrer leur talent à ces séances si remplies d'intérêt, autant au moins pour les artistes eux-mêmes que pour le public qui les écoute.

Pour savoir ce que le violon, le violoncelle, l'alto et le piano peuvent produire, il faut les entendre se marier et interpréter un de ces beaux trios ou quatuors de Beethowen, qui font les délices et surtout l'éternelle admiration des vrais appréciateurs de musique.

MM. Ney, Morin, Franchome, Allard, Chevillard, Hallé et quelques autres violons ou violoncelles de choix se sont faits les interprètes officiels des œuvres classiques de Beethowen et de Mozart. Ils ont eu le bon esprit de mépriser ces séances d'apparat n'ayant d'autre but que de mettre en relief certains virtuoses réduits le plus souvent à l'état d'équilibristes sur la chanterelle ou sur le clavier.

Les véritables artistes ont raison de mépriser ces sortes d'exhibitions exerçant une si fâcheuse influence sur le goût du public et lui inspirant ses déplorables préférences pour les variations, les fioritures et les morceaux à effet.

Il est certain que cette musique de chambre, qui se fait sous l'inspiration et la pensée des plus grands génies, a quelque chose de pur et de noble répondant bien à la véritable destination de l'art. L'intelligence se purifie et s'améliore, les sentiments se rehaussent à l'audition des belles choses.

Les séances de musique de chambre ont lieu, comme celles du Conservatoire, de quinzaine en quinzaine. On souscrit pour la totalité des concerts, qui représentent ordinairement de six à huit séances.

La salle Érard est située rue du Mail, dans les magasins de pianos.

La salle Pleyel est située rue Rochechouart.

Il y a encore quelques autres salles de concert, entre autres celles du facteur Sax, qui n'a pas de destination fixe et sert tantôt à l'audition des instrumentistes en renom de passage à Paris, tantôt à de jeunes compositeurs voulant soumettre à un certain public leurs oratorios ou leurs symphonies.

XXXVI. — LES CONCERTS DU JARDIN D'HIVER.

On conçoit qu'avec les éléments si divers et si nombreux qui composent le public parisien, on n'a pas dû se borner à donner pendant l'hiver rien que des séances de musique savante et faite pour les vrais connaisseurs et les dilettanti de profession.

Il faut qu'il y en ait, comme on dit, un peu pour tous les goûts, et que ceux qui ont l'amour des romances, des variations, des chansonnettes, trouvent aussi de quoi se satisfaire.

On a donc songé à fonder au Jardin d'Hiver des concerts dits de *famille*, n'ayant d'autre prétention que de faire passer, le dimanche, quelques heures agréables avant le dîner.

Le Jardin d'Hiver se trouve on ne peut mieux approprié à cette sorte de destination. Son enceinte représente une promenade très-agréable remplie de fleurs, d'arbres exotiques, de pelouses et de jets d'eau. On peut donc, tout en écoutant, s'égarer dans les détours d'une délicieuse promenade et ne pas subir de ces emprisonnements souvent si fatigants dans une même stalle pendant deux ou trois heures consécutives.

On a exécuté plusieurs fois au Jardin d'Hiver les deux grandes symphonies de M. Félicien David, *le Désert* et *le Christophe Colomb*. Ces deux productions très-remarquables ont produit leur effet accoutumé. On a tronvé pourtant que les nuances se perdaient dans cette vaste enceinte. La musique de M. Félicien David est avant tout délicate et gracieuse; on peut donc avancer, sans pour cela nier ses mérites, qn'un cadre trop étendu ne lui vaut rien.

Les concerts d'hiver réunissent toutes les illustrations de la chansonnette et de la romance, en tête desquelles il faut toujours placer madame Sabatier-Gavaux, surnommée la *Sirène des salons*.

Il est impossible, en effet, de rendre avec plus de

charme et de véritable talent ces petites compositions, qui demandent chez le musicien plus d'art, d'idée, d'invention qu'on ne suppose.

Madame Sabatier s'est consacrée surtout à interpréter les jolies romances d'Étienne Arnaud, placées à un rang si distingué parmi ces œuvres trop souvent éphémères. Il faut avoir entendu la charmante cantatrice exécuter les *Jolis yeux bleus*, *Mariette*, la *Tricoteuse de Jésus*, pour apprécier le genre d'expression, de grâce et de sensibilité que l'on peut montrer dans l'interprétation d'une simple romance.

Les chansonnettes comiques tiennent nécessairement une grande place dans le programme des concerts du Jardin d'Hiver.

Nous n'avons pas à rechercher ici si c'est là un genre de bon goût et fait pour subsister bien longtemps, si la raison ne s'offense pas quelquefois de ce mélange d'une certaine musique et d'un certain dialogue. Nous savons seulement que jusqu'à nouvel ordre une chansonnette comique dite avec esprit et naturel égaie et divertit infailliblement un certain public. Du reste, là comme partout ailleurs, les vrais talents sont rares ; n'a pas qui veut le don de jouer la comédie devant un piano, en gants jaunes et en habit noir, et de produire de véritables effets de vaudeville sans aucun des prestiges de la scène.

On cite parmi les coryphées du genre le vif et joyeux Malézieux, qui a cette incontestable faculté de paraître s'amuser lui-même beaucoup de tout ce qu'il chante; Édouard Clément, qui ne manque ni de naturel ni de gaîté ; les deux frères Lionnais, qui ont certaines scènes d'imitation et de charges d'acteurs surpronantes parfois d'exactitude et de vérité.

On donne au Jardin d'Hiver, outre les concerts ordinaires ou les grandes séances de musique d'ensemble, des bals par souscription, des bals d'enfants, des réunions de bienfaisance.

On est étonné de ne pas avoir vu se multiplier davantage dans Paris ces jardins, ces petits palais de cristal, permettant en hiver de passer toute une jour-

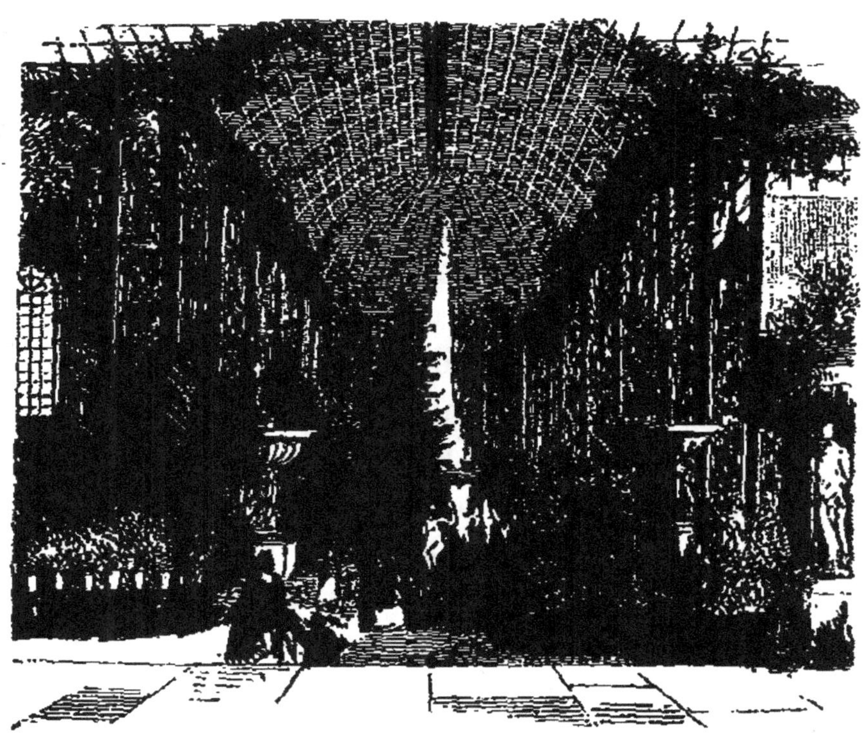

Jardin d'Hiver.

née de divertissement, de musique ou de promenade pour une rétribution des plus modiques, dont il est permis d'abaisser le chiffre en raison même de l'affluence du public.

Le Jardin d'Hiver est situé dans l'avenue des Champs-Élysées, entre le Rond-Point et l'Arc de l'Étoile.

XXXVII. — LES CAFÉS CHANTANTS.

Nous ne pouvons nous dispenser de donner ici quelques renseignements sur les cafés chantants, qui représentent dans une sphère particulière l'emploi d'une soirée, ne fût-ce qu'au point de vue de la simple curiosité et comme contraste avec d'autres distractions d'un ordre plus élevé.

L'étranger qui ignore Paris a bien raison de tenir à tout voir et tout savoir et de ne rien négliger. C'est souvent dans les sphères les plus humbles que l'on trouve les sujets d'observation les plus saisissants et les plus neufs. Il est donc bon de voir au moins une fois ces établissements lyriques, qui se sont multipliés en très-grand nombre depuis quelque temps, et représentent peut-être un commencement d'initiation de la multitude au sentiment et au goût de la musique.

On lit dans le volume très-curieux intitulé *Histoire des Spectacles de la Foire,* pour faire suite à l'*Histoire du Théâtre-Français,* par les frères Parfait, publiée il y a plus de cent ans par un anonyme, qu'un sieur D... avait imaginé d'ouvrir un café dans lequel ou représentait des parades, des scènes dialoguées dans le genre grivois. Le prix des consommations représentait le prix des places du spectacle, dont on se trouvait jouir sans rétribution.

Le malheur voulut que quelqu'un trouva un jour, dans une tasse de café qu'on lui servit, un bout de chandelle.

Cet événement causa beaucoup d'émoi dans l'assistance; on cria, on menaça, on faillit faire un mauvais parti au chef de l'établissement, et on surnomma désormais son café-théâtre le *café des Bouts de Chandelle.*

On abandonna entièrement sa maison, mais le succès qu'elle avait eu dans le principe donna bientôt l'idée d'en créer d'autres sur le même modèle, en ayant soin toutefois de ne laisser s'introduire aucun accessoire étranger dans les objets de consommation.

Cette aventure arrivée au cafetier dramatique D... prouve donc que les établissements mêlés de consommation et de théâtre ne datent pas d'hier.

On les vit se multiplier en très-grand nombre sous l'Empire. Il y eut le *café des Muses,* situé sur le quai Voltaire, où l'on donnait tous les soirs des séances de ventriloquie, de prestidigitation, de pantomime et de scènes à un seul personnage.

Il y eut aussi le *café d'Apollon,* situé sur le boulevard du Temple, à la place même où se trouve à présent le théâtre des Délassements-Comiques, et précédemment le théâtre de madame Saqui.

Le café d'Apollon était décoré avec un grand luxe. L'enceinte était entièrement garnie de glaces. On y exécutait des danses de corde qui s'étendaient jusqu'au milieu de la salle. Il arrivait souvent que les sauts périlleux s'exécutaient sur la tête même des spectateurs, qui étaient occupés tranquillement à consommer leur bouteille de bière et leur bavaroise.

Aujourd'hui les cafés chantants sont bornés exclusivement à la musique, comme l'indique clairement leur titre. On interdit aux artistes le costume qui tendrait à empiéter sur le domaine des théâtres et à revêtir ces établissements d'un caractère scénique qu'on ne veut pas absolument leur laisser prendre. Les chanteurs et les chanteuses ne peuvent donc se présenter devant leur public qu'en habillement de ville.

Les virtuoses que l'on entend dans ces sortes d'établissements sont en général beauconp plus intelligents et plus musiciens qu'on ne pourrait le supposer.

On entend parfois dans ce milieu de fumée, assez peu favorable à l'émission de la voix, des ténors, des barytons exécutant non sans goût et sans une certaine habileté les grands airs ou les duos (on permet le duo aux cafés chantants) de la *Favorite*, de *Lucie*, du *Chalet*, des *Huguenots*, etc. Si l'on ne retrouve pas la même exécution qu'à l'Opéra ou aux Italiens, l'interprétation est le plus souvent très-suffisante et donne une idée exacte des morceaux.

Les femmes brillent surtout dans le genre léger, les romances à roulades, les airs espagnols à ritournelles brillantes avec castagnettes.

Le succès de chaque soirée est presque toujours pour l'artiste qui exécute les chansonnettes comiques, celui ayant pour mission d'imiter tour à tour les accents normand, anglais, gascon, alsacien, provençal, etc., représentant les *Titi* lyriques, les *piou-piou*, les gens qui bégaient, tous ces types burlesques qui courent depuis bien longtemps les chansonnettes et les vaudevilles, et ne paraissent pas devoir perdre de longtemps encore leur effet à peu près infaillible sur la masse des spectateurs.

Le programme des *cafés chantants* est écrit à l'avance et composé avec autant de soin que celui d'un concert à haute prétention. On a soin de nuancer les morceaux et les genres de voix. La basse-taille succède au soprano, le ténor léger à la chanteuse dramatique. On se gardera bien de faire succéder à un morceau d'une teinte grave une ariette ou une romance qui ne serait pas essentiellement joyeuse et frétillante. L'orchestre exécute à certains intervalles des fragments d'ouverture, des polkas, des valses et des quadrilles qui permettent aux chanteurs de se reposer.

Parmi les virtuoses des cafés chantants, généralement assez peu connus et déguisant parfois sous un nom de baptême des célébrités déchues de Paris et de la province, il en est un qui a su se faire un nom et prendre une place vraiment supérieure, qu'il doit à un talent réel et à une incontestable organisation d'artiste.

Nous voulons parler du chanteur Darcier, qui a commencé à se faire connaître dans l'estaminet lyrique qu'on avait ouvert il y a quelques années à l'entrée du passage Jouffroy.

Darcier sort entièrement de la routine des chanteurs ordinaires de chansonnettes; il a eu l'art de se faire une manière à lui, souvent très-expressive, musicale même sous son apparente rudesse. Doué d'une voix assez ingrate d'ailleurs et qui ne prend pas sans doute de grands ménagements d'elle-même, Darcier ne chante pas, il dit, et c'est ainsi sans doute qu'il faut exécuter les morceaux de courte haleine exigeant une certaine finesse de diction, la sensibilité communicative plutôt que des agréments de larynx et de grands effets de voix.

Darcier, peu goûté des amateurs de romances mielleuses et sucrées, a su se faire un public à lui, qui le suit à toutes les scènes où il se transporte. Il est rare d'ailleurs qu'il interprète des choses banales ou courantes ; il choisit presque toujours des morceaux à intention, des chants originaux et populaires. Il sait leur donner une couleur parfois exagérée et de mauvais goût, mais qui ne laisse pas de produire par moment des impressions très-neuves et très-vives.

Les cafés chantants d'été ont plus de vogue et plus d'éclat que ceux d'hiver. Les trois principaux sont situés dans les Champs-Élysées et s'annoncent de loin par leurs illuminations brillantes et par leurs pavillons féeriques remplis de cantatrices en costume de bal qui attendent que le tour de leurs morceaux soit venu. Les cantatrices

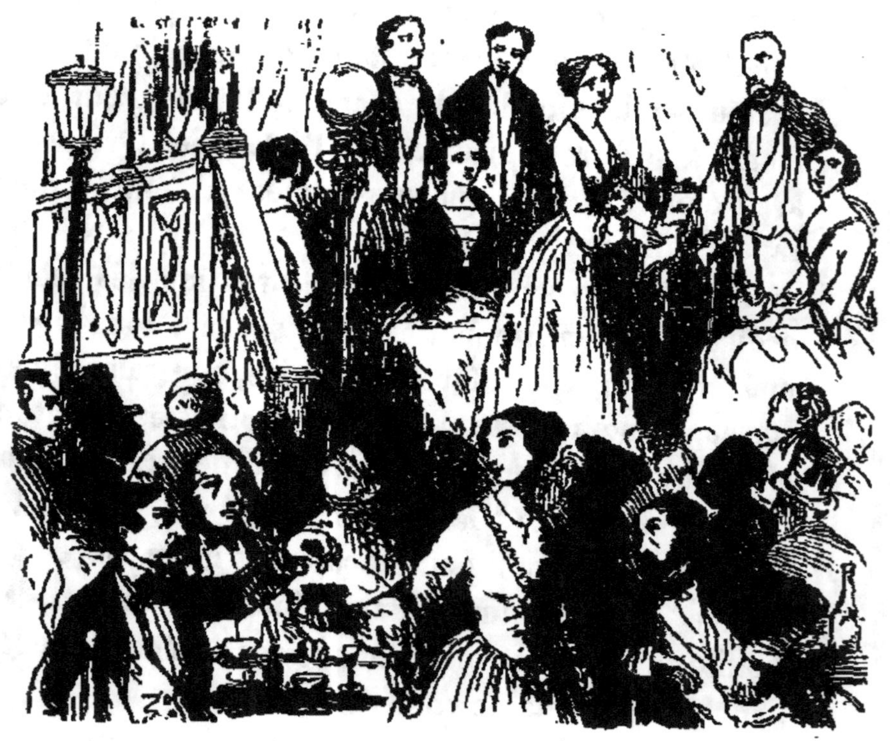

Café chantant.

des cafés en plein air sont condamnées, après leur morceau, à venir avec une bourse à la main dans les rangs des consommateurs, pour faire ce qu'on est convenu d'appeler *la quête*. Nous dirons en passant que cet usage, qui n'est pas d'un absolument bon goût, pourrait être supprimé sans inconvénient.

Les cafés chantants des Champs-Élysées sont tellement encombrés dans les beaux jours, qu'on s'y dispute les tables et qu'il n'est pas rare de voir les consommateurs se renouveler plusieurs fois dans une même soirée. Les airs de bravoure, les morceaux dans le style militaire avec *appels à la France* et *menaces à l'étranger*, excitent presque toujours les cris de *bis* dans les rangs du public éminemment sympathique et enthousiaste des cafés des Champs-Élysées. Ces cris de *bis* vont se perdre dans l'espace sans résultat, attendu qu'une ordonnance de police interdit expressément aux virtuoses des Champs-Élysées la répétition d'aucun air ou morceau.

Les principaux cafés chantants d'hiver sont le *Chalet-Morel*, situé rue de l'Arcade, qui est dirigé par le même chef et desservi par la même troupe de chanteurs que le café d'été du même nom qui se trouve dans les Champs-Élysées; puis le *Café-concert* du boulevard Bonne-Nouvelle, ouvert récemment dans le bâtiment du bazar. Ce dernier établissement se place au-dessus des autres par le choix des artistes des deux sexes et surtout par le mérite de l'orchestre, qui ferait honneur à plus d'un théâtre de province.

Il y a, de plus, une foule d'autres cafés chantants, disséminés dans divers quartiers de Paris, au Palais-Royal, à la porte Saint-Denis, au boulevard du Temple, rue Montmartre, etc.

On ne peut nier que ces établissements, qui sont sans doute un progrès sur le café de pure consommation, ne puissent avoir de bons résultats pour la classe en général assez peu musicale qui fréquente les cafés et les estaminets. Mieux vaut, après tout, entendre un morceau de chant, si médiocre qu'il soit, que le bruit exclusif du domino ou le cri du garçon.

Quelques-uns de ces cafés ont de simples estrades sur lesquelles se placent les artistes qui n'ont d'autres ressources, après avoir chanté leur air, que d'aller se mêler à la foule des consommateurs de bière et de grog, ce qui produit assez peu d'illusion, surtout pour les morceaux de haut sentiment qui visent à la passion et au pathétique.

Les cafés chantants d'un ordre supérieur ont des théâtres entièrement séparés du public. Le piano, toujours si fade et si monotone à la longue, est remplacé par un orchestre suffisant et qui s'étend jusqu'au piston inclusivement.

Le grand problème à *résoudre* pour ces sortes d'établissements doit être d'offrir à leur public des consommations honnêtes et qui ne soient pas, comme il n'arrive que trop souvent, de véritables empoisonnements déguisés. C'est à cela surtout que les cafés chantants devront de voir leur niveau s'élever : ils cesseront aussi d'être l'apanage presque exclusif de la classe un peu mêlée et confuse, il faut bien le reconnaître, qui les a fréquentés jusqu'à présent.

XXXVIII. — LE DIORAMA. — LE PANORAMA.

On ne saurait se dispenser de visiter ces deux établissements, le *Diorama* et le *Panorama*, qui font tant d'honneur à l'intelligence et au goût éminent que quelques-uns de nos artistes savent déployer dans ces sortes de créations.

Le diorama est dû, comme on sait, au génie de ce pauvre

Daguerre, qui est mort pauvre et endetté comme la plupart des inventeurs, et n'avait pour vivre, dans ses derniers jours, qu'une rente de six mille francs, *inaliénable*, que l'État lui avait faite à propos de l'instrument célèbre qui porte son nom.

Le diorama représente la merveille de l'optique : on ne s'explique pas qu'on puisse obtenir, avec de simples toiles et des effets de lumière, ces intérieurs de cathédrale dans lesquels il semble qu'on va s'enfoncer et se perdre, ces paysages si profonds, qui sont la nature même avec ses teintes et ses contrastes ; ces forêts, ces torrents, tout cet ensemble dont on ne peut se détacher, tant est surprenante et vive la fascination que l'on subit.

Le plaisir et l'étonnement redoublent quand arrivent les décroissances de lumière, quand les perspectives s'éteignent par degrés, pâlissent et se revêtent des premières teintes de la nuit. On n'a pas oublié cette charmante *fête des lanternes* à Canton, qui laissait voir sur un même fond, des myriades de lumières diverses et chatoyantes comme des pierreries, ces édifices si bizarrement découpés, cette multitude immobile et muette suspendue avec tant de vérité à l'angle de chaque balcon.

Le talent qui produit de telles merveilles dépasse vraiment la sphère ordinaire des curiosités et des prestiges. Il est impossible que l'esprit ne soit pas ému en même temps que le regard est attaché dans l'intérieur de ce palais véritablement enchanté. On sent que c'est mieux qu'un spectacle, un simulacre des objets, c'est une véritable page d'art que l'on a devant soi.

Le diorama actuel n'a nullement dégénéré de son antique renommée. Les tableaux, toujours exécutés avec un soin extrême de détail, sont renouvelés à certaines époques. On comprend que cette fondation du Diorama, qui est d'origine toute française, tienne à conserver son rang et à se montrer constamment aux visiteurs étrangers sous son aspect le plus favorable.

Le Panorama est l'œuvre de M. Langlois, qui a eu dans l'armée un grade supérieur et a su révéler dans toutes ses compositions des facultés d'artiste les plus remarquables.

Ce ne sont pas seulement les simples spectateurs qui admirent les batailles de M. Langlois, ce sont aussi tous les vrais juges, les amateurs éclairés, qui s'accordent à reconnaître la touche d'un maître dans ces pages si dramatiques et si surprenantes de nos annales militaires.

Quand on regarde le panorama de M. Langlois, on ne jouit pas d'une simple perspective déroulée dans un cadre immense, on est dans la bataille elle-même, on respire la fumée, la poudre, on se trouve transporté dans l'atmosphère des combattants.

Quelle vérité d'ailleurs dans les détails, quelle puissance d'illusion et de coloris dans ces teintes merveilleuses de ciel, de terrains, de sables et de mers! On se croit dans le climat même du pays où se passe l'action. Il semble qu'on ait vu, parcouru ces lieux que l'artiste vous déploie, tant il a su donner à toute son œuvre un caractère de relief et de réalité.

Ces grands tableaux d'optique, faits en apparence pour la multitude seule, mais qui s'adressent aussi aux personnes de goût et de sentiment, sont confiés dans d'autres pays à des décorateurs ordinaires, à des mains de routine et de métier, qui exécutent ces productions-là comme de simples tâches.

Nos dioramas et nos panoramas français sont presque

toujours peints par de véritables artistes; ils y mettent leur talent et leur gloire, travaillant avec autant de soin et d'amour que pour un palais ou un musée. La supériorité de nos œuvres d'optique vient de là sans doute; depuis les travaux de Daguerre et de M. Langlois, le niveau s'est haussé considérablement; tout ce qui tient à ce genre de peinture a désormais sa place spéciale et marquée dans la sphère de l'art.

Le Diorama est situé au Rond-Point des Champs-Élysées; le Panorama se trouve également dans les Champs-Élysées, derrière le Palais de l'Industrie.

XXXIX. — LES BALS PUBLICS.

Nos bals publics ont toujours eu une grande réputation, que notre époque ne paraît pas disposée à laisser dépérir.

Nos pères nous ont souvent parlé des fêtes brillantes qui ont eu lieu aux jardins Tivoli, Marbeuf, sous les beaux ombrages de l'Elysée, et ont été pendant un certain temps, au commencement du consulat, un centre de bals en plein air, de feux d'artifice, de concerts, de joutes sur l'eau, etc.

Il est certain qu'on danse à Paris avec un entrain, une animation et souvent une excentricité qu'on trouverait difficilement ailleurs. De tout temps, il y a eu dans les bals publics des illustrations chorégraphiques en possession d'une popularité locale qui s'est parfois étendue au delà même du cercle des réunions où elle s'était formée.

La grande vogue de la polka est venue redonner un nouvel élan aux bals publics qui commençaient à languir emprisonnés dans le cercle monotone du vieux quadrille, dont on avait épuisé depuis longtemps toutes les combinaisons et les extravagances.

La polka a fait éclore toute une nouvelle génération de danseurs et de danseuses qui ont commencé à se trémousser de plus belle sous l'influence de la danse en vogue; la polka a produit une véritable révolution dans le monde de la jeunesse et des plaisirs.

Les bals, et surtout les bals publics qui sont toujours les plus animés et les plus joyeux, sans doute à cause de l'indépendance absolue qu'on y rencontre, sont donc aussi florissants que ceux d'autrefois.

Nous allons indiquer les plus fréquentés, sans nous inquiéter de la classification que l'on pourrait établir entre eux en raison de leur position ou du genre de public qu'on y rencontre.

XL. — LA CHAUMIÈRE.

La Chaumière est peut-être le plus populaire de tous les bals publics. Sa vogne est presque européenne et représente le *nec plus ultra* de la vraie gaieté, de l'abandon chorégraphique. Les vaudevilles, qui ont beaucoup abusé de la Chaumière, n'ont jamais pu parvenir à détruire sa grande vogue qui s'est maintenue quand même, malgré les réclames à faux et les concurrences du voisinage. Ce bal a toujours été le berceau naturel, le champ d'asile de l'étudiant, qui est là comme chez lui, dansant, folâtrant, sautillant avec la liberté de l'oiseau échappé de sa cage.

On a vu cependant de tous les temps des curieux élégants de l'autre côté de l'eau, des lionnes et des sirènes du quartier Bréda venir se mêler, sous les ombrages de la Chaumière, aux groupes de grisettes et d'étudiants qui forment le fonds principal du public ordinaire. La Grande-Chaumière, si populaire et si brillante aujourd'hui, a commencé par n'être qu'un petit jardin de guinguette où se trouvait une *chaumière* destinée aux buveurs, d'où lui est venu son nom.

Le jardin s'est accru progressivement; on y a joint un restaurant qui permet aux consommateurs de jouir gra-

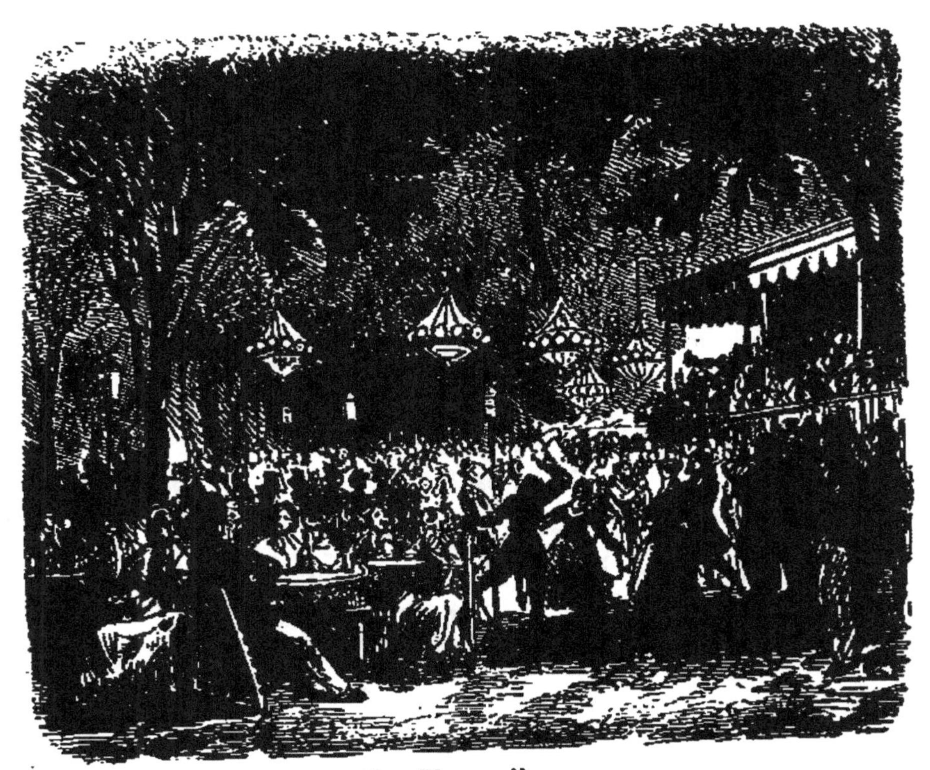

La Chaumière.

tuitement de l'entrée du bal. Les allées sont dessinées avec soin, et remplies de fleurs et d'arbustes qui contribuent à l'agrément de ce lieu classique des jeunes amourettes et des folies de vingt ans.

On connaît le genre de danse échevelée qui a été créé et toujours exécuté avec un très-grand succès dans le jardin de la Chaumière. Cette danse a été si souvent reproduite sur les planches des théâtres, qu'il nous semble inutile d'en indiquer les détails ni même d'imprimer son appellation caractéristique.

La Grande-Chaumière est située sur le boulevart Mont-Parnasse.

XLI. — LA CLOSERIE DES LILAS.

La Closerie des Lilas est située derrière l'Observatoire, à la suite de la grande avenue du Luxembourg.

Ce bal représente le pendant de la Grande-Chaumière et a pu jusqu'alors rivaliser avec lui, mais sans arriver à lui enlever son ancienne vogue. Les étudiants continuent à se partager entre les deux établissements, entraînés vers l'un ou vers l'autre par le hasard de leur fantaisie.

Le jardin de la Closerie des Lilas est toujours très-frais, très-bien entretenu; il est vrai qu'avec un titre pareil ce serait un véritable non-sens de ne pas avoir toujours des parterres irréprochables et de belles collections de fleurs.

XLII. — LE BAL MABILE.

Le bal Mabile, situé à l'entrée de l'allée des Veuves, mérite peut-être le premier rang parmi les bals publics : le nombre de ses habitués est quelquefois si considérable que le jardin se trouve trop étroit pour les contenir.

Il faut voir Mabile un jour de fête extraordinaire, quand les allées sont littéralement incendiées par les illuminations, quand on voit les danseurs et les danseuses se presser, se heurter dans les quadrilles, presque comme dans un bal du grand monde.

Ce bal est le rendez-vous ordinaire de tout ce qu'il y a de plus brillant en fait d'actrices en vogue, de lorettes venues des quartiers Bréda, Saint-Georges, de la Boule-Rouge, etc.

On danse peu au bal Mabile, mais en revanche on y noue des intrigues, on s'y donne des rendez-vous, on y organise de ces parties de plaisir et de ces voyages qui aboutissent toujours à Bade, Spa ou Hombourg.

L'intérieur du bal Mabile ressemble à une véritable

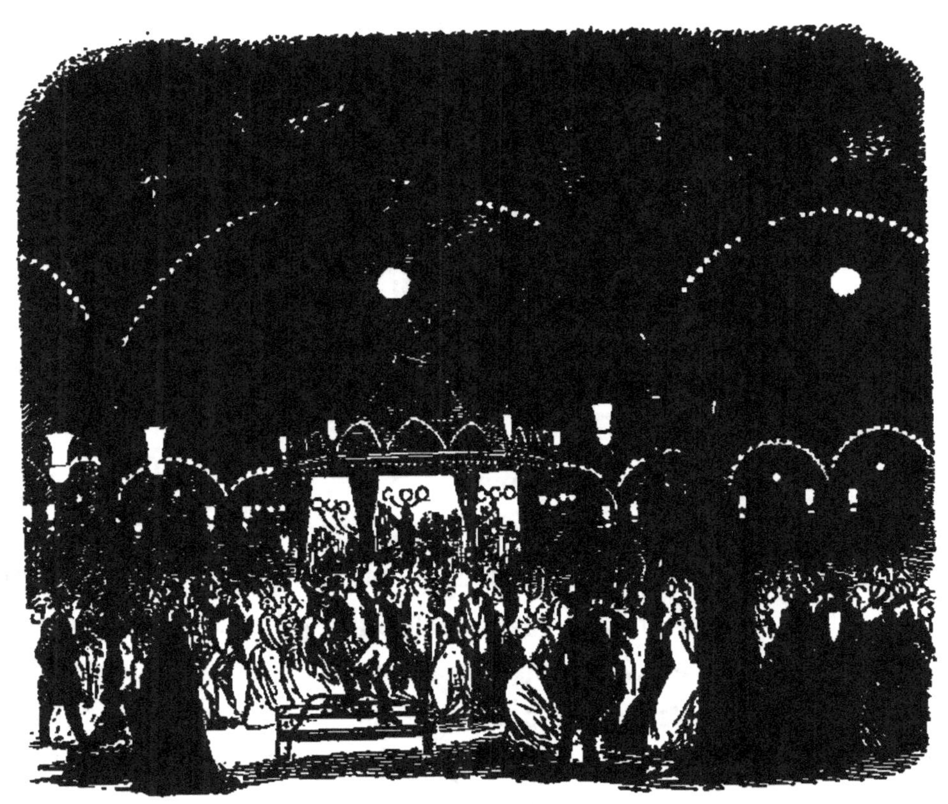

Bal Mabile.

jardinière, tant on y a multiplié les fleurs et les touffes d'arbustes.

L'orchestre est très-bien dirigé par Pilodo, qui est aujourd'hui l'homme à la mode pour les orchestres de bal, comme l'ont été dans un autre temps les Strauss, les Tolbecque, les Dufresne et les Musard.

Les grandes célébrités dansantes qui ont été citées à Mabile ou ailleurs, il y a quelques années, sont aujourd'hui à peu près passées de mode; il est donc inutile que nous transcrivions leurs noms.

XLIII. — LE CHATEAU-ROUGE.

Le Château-Rouge a été beaucoup plus en vogue qu'il n'est maintenant. Il fut un temps où tout Paris se rencontrait dans ce jardin, qui est du reste très-étendu, très-varié, mais dont on aurait pu peut-être tirer un meilleur parti, quant au dessin et à la distribution générale.

On remarque dans l'intérieur l'ancien château en briques rouges que Gabrielle fit bâtir pour Henri IV. La nuance des briques du château a servi à désigner l'établissement.

On y voit à peu près le même public qu'à la Grande-Chaumière, à Mabile et à la Closerie des Lilas; ce sont les mêmes danses, les mêmes intrigues, les mêmes genres de passe-temps : tir au pistolet, billards chinois, jeux de bague, etc. On trouve de plus, au Château-Rouge, le classique nécromancien qui date des beaux jours de Tivoli, et qu'on a fait disparaître, on ne sait trop pourquoi, des autres jardins publics.

XLIV. — LE CHATEAU DES FLEURS.

Le Château des Fleurs n'a pas toujours été ce qu'il est aujourd'hui, le centre exclusif d'un bal en plein air d'un certain genre.

On avait fondé ce gracieux établissement pour y donner des concerts d'été qui fussent d'un ordre plus relevé que les séances ordinaires des cafés chantants.

Au fond d'un jardin des plus pittoresques, dessiné avec un art et un goût qu'on ne trouve pas toujours dans les établissements du même genre, on établit un théâtre en forme de grand kioske ouvert où se placèrent les musiciens et les chanteurs qui exécutaient, comme partout ailleurs, des airs, des chansonnettes et des morceaux d'harmonie.

Un jour, au milieu des virtuoses qui composaient le personnel de ces concerts, on vit se produire une jeune chanteuse à la voix si légère, aux cadences si fines et si perlées qu'on crut entendre un véritable rossignol venu exprès pour charmer un public qui n'était pas habitué à de pareilles fêtes mélodieuses.

Quelque temps après on apprit que la jeune chanteuse s'était élancée sur la scène de l'Opéra-Comique et s'était placée dès son début au premier rang des artistes. Cette chanteuse s'appelait madame Ugalde. Tant il est vrai qu'il n'y a pas de petits commencements dans ce monde, et que les vrais talents d'artistes trouvent toujours à se faire jour, même en dépit des points de départ les plus modestes.

La direction du Château des fleurs se vit bientôt obligée de renoncer aux concerts, qui n'obtinrent pas de succès, sans doute à cause de l'éloignement et aussi de la concurrence des cafés des Champs-Élysées.

On se borna à donner dans le jardin seulement des bals qui sont le pendant de ceux de Mabile. Les deux établissements sont ouverts à des jours de la semaine différents, de façon que le public qui les fréquente n'éprouve jamais de temps de chômage.

Le Château des Fleurs est situé au bout de l'avenue des Champs-Élysées, en face du quartier Beaujon.

Il existe encore d'autres bals d'été très-suivis et qui se partagent la vogue avec ceux que nous venons de citer.

Nous désignerons seulement les bals du Ranelagh,

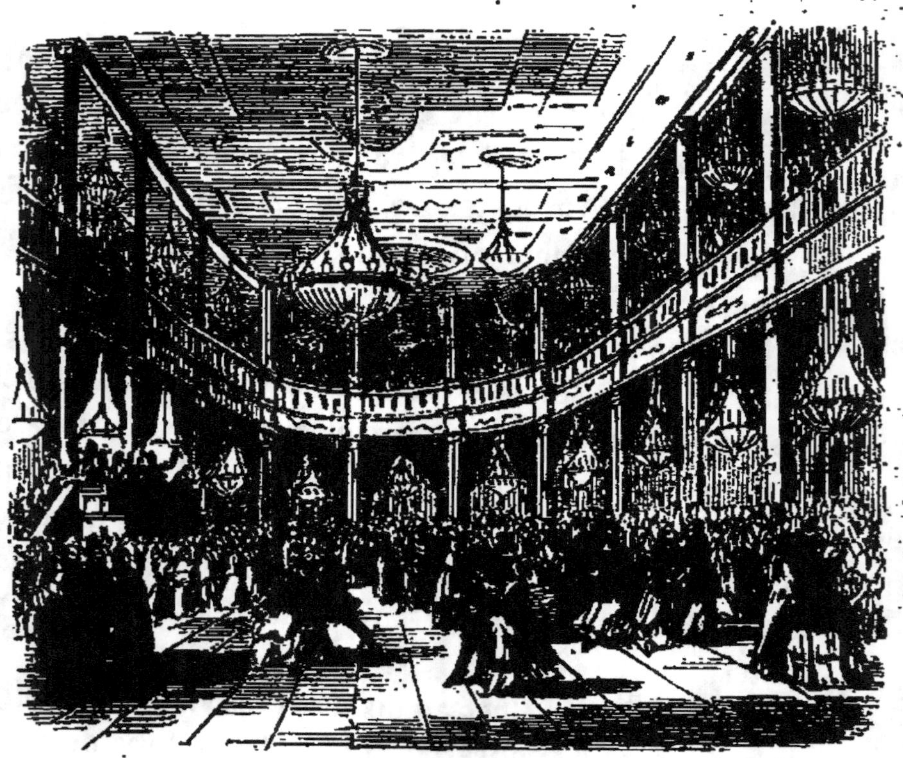

Bal du Ranelagh.

d'Asnières, du Vauxhall, d'Enghien. Nous avons décidé que nous ne sortirions pas, dans ce volume, des murs de Paris, et d'ailleurs ces réunions, qui se trouvent dans la banlieue, n'offrent rien de caractéristique et qui nécessite des indications spéciales.

Nous devons dire pourtant que ces bals, et surtout celui d'Asnières, ont été depuis quelques étés particulièrement en vogue. On résiste difficilement à l'attrait d'un beau parc qui se déploie le long d'une rivière et où l'on trouve nécessairement plus d'air et d'espace que dans l'enceinte étroite des jardins étouffés situés dans Paris même.

La facilité du trajet par le chemin de fer, qui s'exécute en cinq minutes, ne contribue pas peu, outre les agréments du lieu, à attirer certains jours d'été des caravanes ou peut même dire des armées entières de danseurs et de danseuses qui viennent littéralement prendre d'assaut le parc et le château d'Asnières.

XLV. — LES BALS D'HIVER.

Les bals publics d'hiver ont eu toujours beaucoup moins de vogue que ceux d'été. Cette différence s'explique par le genre de public qui les fréquente et par les réunions du monde bien plus nombreuses en hiver qu'en été, et qui leur font nécessairement une rude concurrence.

Il est d'ailleurs des bals d'hiver d'une telle renommée et fréquentés par une classe *si mêlée* (pour nous servir d'un terme modeste), qu'on serait surpris assurément de nous les voir indiquer à nos lecteurs.

Il est donc à peine nécessaire que nous consignions ici les noms des bals du Prado, du Casino-Paganini, de Va-

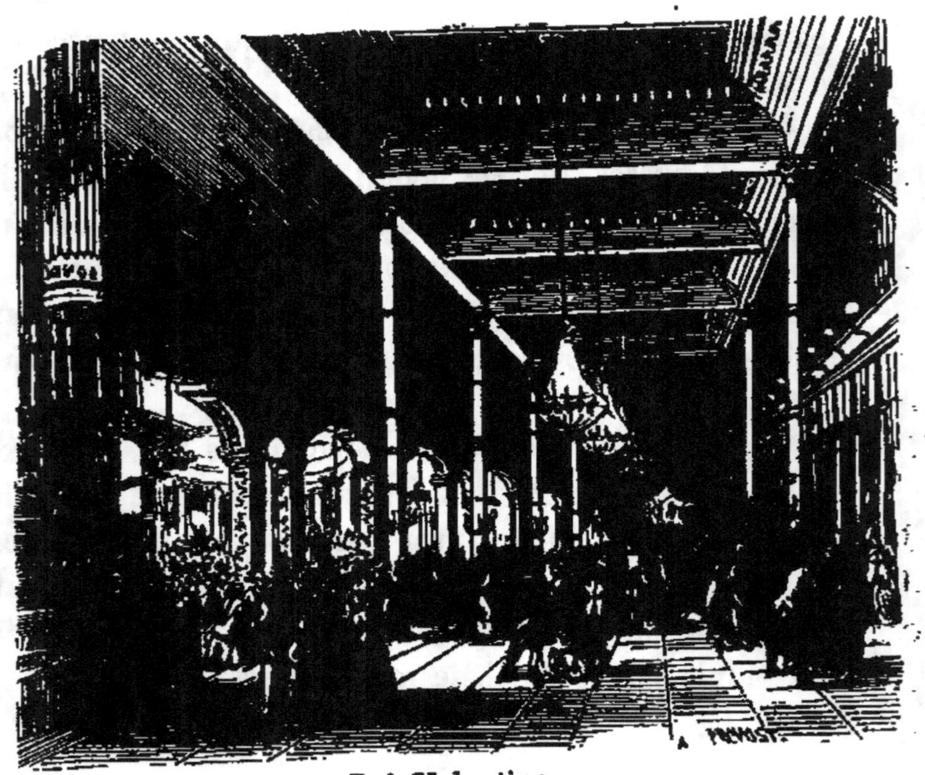

Bal Valentino.

lentino, auxquels on peut se trouver par accident ou par hasard, mais jamais par habitude.

Ce n'est pas qu'il se passe là des choses plus réellement étranges ou répréhensibles qu'ailleurs, mais le cadre n'a rien d'attrayant. Il arrive fort rarement que les hommes qui dansent dans ces réunions-là se donnent la peine d'endosser l'habit noir ou de chausser le bas de soie : ils figurent généralement dans les quadrilles en paletot et avec le chapeau sur la tête. Les femmes ne font guère plus de frais de leur côté ; il en résulte un aspect général assez triste et qui ne peut guère attirer les gens de goût qui ont avant tout besoin, dans leurs plaisirs, de distinction et d'élégance.

Pour faire passer certaines réunions, il faut absolument le vernis du printemps, cet abandon de l'été qui s'accommode bien mieux de ces toilettes sans prétention, de ces allures échevelées et folles que comporte le bal en plein air.

Les véritables bals publics d'hiver sont les bals masqués, que l'on ne peut se dispenser de connaître et d'observer. Les salles, qui ont un aspect sombre avec les costumes de ville ordinaires, prennent une tout autre physionomie quand elles sont égayées par les couleurs et les travertissements du carnaval.

On donne des bals masqués, pendant toute la saison du carnaval, dans toutes les salles de spectacle, ainsi que dans les salles des établissements où se tiennent les bals ordinaires.

Le carnaval parisien jouit d'une renommée trop universelle pour que nous ayons à insister sur cette nécessité de connaître nos bals masqués. L'étranger n'y manquera pas sans doute, surtout s'il a le bonheur d'être jeune et de pouvoir prendre une part active à cette suite de divertissements et de nuits joyeuses. Nous sommes bien convaincus d'avance qu'il fera consciencieusemeut toute la campagne et qu'il ne manquera aucun détail, depuis le premier bal de l'Opéra jusqu'à la descente de la Courtille.

. . . .

Nous terminons ici notre revue toute sommaire des distractions parisiennes. C'est un simple *guide*, comme nous l'avons dit au commencement, et non pas une histoire que nous avons eu en vue. En dire davantage, ce serait à la fois sortir de notre sujet et ôter à l'étranger le plaisir de mille surprises qu'il est bon de lui réserver. Voici le programme : que chacun le brode et l'achève à sa fantaisie. Au fond, on n'*écrit* pas le plaisir ; tout au plus, on l'éclaire, on le pilote de loin. — Notre tâche est donc finie encore une fois.

FIN.

TABLE DES MATIÈRES.

Pages.

Affiches (les) de spectacles.................... 2
Artistes des grands théâtres ayant joué aux Folies Dramatiques.................... 154
Auriol.................... 171
Avant-propos.................... 1
Bals (les) d'hiver.................... 200
Bals masqués (les) de l'Opéra.................... 34
Bals publics (les).................... 192
Bals publics dans les environs de Paris.................... 199
Bocage, directeur de l'Odéon.................... 74
Bouffé.................... 121
Boulevard du Crime.................... 141
Cafés Chantants.................... 188
Catalani (madame).................... 22
Château des Fleurs (bal du).................... 198
Château Rouge (bal du).................... 197
Chaumière (la).................... 193
Cirques (les).................... 168
Comédiens de l'hôtel de Bourgogne.................... 7—38
Concerts du Conservatoire.................... 175
Concerts du Jardin d'Hiver.................... 185
Cosaques (les) à la Gaîté.................... 140

Pages.

Debureau 160
Déjazet (mademoiselle) 127
Désaugiers, directeur du Vaudeville.......... 102
Diorama (le) 190
Dorval (madame) 133
Duprez 25
Favart à l'Opéra-Comique..................... 56
Foyer du Théâtre-Français.................... 49
Frédérick Lemaître............ 71—133—145—153
Gluck 15
Harel, directeur de l'Odéon.................. 69
Hippodrome................................... 173
Location de places........................... 3
Lulli.. 12
Mabile (bal) 195
Marchands de billets......................... 3
Mélingue..................................... 135
Molière...................................... 37
Montigny, directeur du Gymnase............... 118
Nombre des théâtres de Paris................. 5
Nourrit...................................... 25
Opéra 9
Origine des théâtres......................... 6
Panorama 190
Perrin, fondateur de l'Opéra................. 11
Picard, directeur de l'Odéon................. 68
Poulailler (le) à la Gaîté................... 141
Rachel (mademoiselle)........................ 45
Rameau 14
Robert Houdin 166
Romantisme (le) à l'Odéon.................... 69

Pages.

Rossini.................................... 22
Salle Bonne-Nouvelle.............................. 165
Salle Érard.................................... 193
Salle Herz.................................... 181
Salle Pleyel.................................... 183
Salle Sainte-Cécile.............................. 178
Scribe (M.)............................ 101—115
Soirées fantastiques d'Hamilton.................. 166
Troupe de Monsieur............................ 7
Théâtre de l'Ambigu-Comique.................. 143
Théâtre Beaumarchais.......................... 162
Théâtre Comte.................................. 162
Théâtre des Délassements Comiques.............. 155
Théâtre de la Foire............................ 54
Théâtre des Folies Dramatiques.................. 153
Théâtre des Folies Nouvelles.................... 156
Théâtre-Français................................ 37
Théâtre des Funambules.......................... 158
Théâtre de la Gaîté............................ 137
Théâtre du Gymnase.............................. 114
Théâtre-Italien................................ 79
Théâtre du Luxembourg.......................... 164
Théâtre Lyrique................................ 147
Thâtre de Madame................................ 116
Théâtre du Marais.............................. 37
Théâtre National................................ 150
Théâtre de l'Odéon.............................. 66
Théâtre de l'Opéra-Comique...................... 53
Théâtre du Palais-Royal.......................... 124
Théâtre du Petit-Lazzari........................ 161
Théâtre de la Porte-Saint-Martin................ 131

Pages.
Théâtre des Variétés........................ 108
Théâtre du Vaudeville........................ 97

Le prix des places est indiqué à la fin de chacun des chapitres relatifs aux divers théâtres.

PARIS. — IMPRIMERIE J. CLAYE, RUE SAINT-BENOIT, 7.

EN VENTE A LA MÊME LIBRAIRIE:

Guide général dans Paris.
Guide dans les environs de Paris.
Guide dans les théâtres, bals et concerts.

SOUS PRESSE :

Guide dans les promenades publiques.
Guide dans les monuments, églises, cimetières, etc.
Guide dans les musées et bibliothèques.

Guide de Paris à Bruxelles.
Guide de Paris à Londres.
Guide de Paris à Nantes.
Guide de Paris au Havre.
Guide de Paris à Strasbourg.
Guide de Paris à Bordeaux et Bayonne.
Guide de Paris à la Méditerranée.
Guide sur les bords du Rhin.

Guide en France.
Guide en Belgique et en Hollande.
Guide en Suisse.
Guide en Italie.
Guide en Allemagne.
Guide en Espagne.

Guide dans Bruxelles.
Guide dans Londres.
Guide dans Vienne.
Guide dans Rome.
Guide dans Florence, etc., etc.

ŒUVRES POSTHUMES DE LAMENNAIS.

LA DIVINE COMÉDIE.
CORRESPONDANCE.
MÉLANGES POLITIQUES.

HISTOIRE DES PROVINCES DANUBIENNES,
par ÉLIAS REGNAULT.

TABLEAU DE PARIS, par EDMOND TEXIER. 2 volumes,
2,000 gravures. 30 fr.

TABLEAU DE LA TURQUIE ET DE LA RUSSIE,
par JUBERT et F. MORNAND. 300 gravures. 7 fr. 50 c.

CAHIERS D'UNE ÉLÈVE DE SAINT-DENIS

COURS D'ÉTUDES

COMPLET ET GRADUÉ

POUR LES FILLES

PAR

DEUX ANCIENNES ÉLÈVES

De la Maison de la Légion d'honneur

ET

L. BAUDE

Ancien professeur au collège Stanislas

Divisé en 6 années ou 12 semestres

Pouvant suppléer tous les livres qui se rapportent aux diverses parties de l'instruction et dispenser du pensionnat

LES 13 VOLUMES SONT EN VENTE

					Brochés.	Cartonnés.	
Tom.	1er,	1re année,	1er sem.	Prix :	1 50	1 75	vert liseré.
—	2e,	—	2e —	—	2 50	2 75	— uni.
—	3e,	2e année,	1er sem.	—	2 50	2 75	violet liseré.
—	4e,	—	2e —	—	2 50	2 75	— uni.
—	5e,	3e année,	1er sem.	—	3 »	3 25	aurore liseré.
—	6e,	—	2e —	—	3 50	3 75	— uni.
—	7e,	4e année,	1er sem.	—	3 50	3 75	bleu liseré.
—	8e,	—	2e —	—	3 50	3 75	— uni.
—	9e,	5e année,	1er sem.	—	3 50	3 75	nacar. liseré.
—	10e,	—	2e —	—	4 »	4 25	— uni.
—	11e,	6e année,	1er sem.	—	4 50	4 75	blanc liseré.
—	12e,	—	2e —	—	4 50	4 75	— uni.
—	13e,	volume complémentre.		—	5 »	5 25	

On peut prendre séparément chaque année, et recevoir franco, par la poste, en joignant 50 c. au prix de chaque volume broché.

www.ingramcontent.com/pod-product-compliance
Lightning Source LLC
Chambersburg PA
CBHW071531220526
45469CB00003B/728

* 9 7 8 2 0 1 2 6 6 5 3 9 2 *